D1726729

Gilets jaunes,
la révolte
des budgets contraints

Pierre Blavier

Gilets jaunes, la révolte des budgets contraints

puf

Centre de la France, vendredi 23 novembre 2018

© Pierre Blavier

Ouvrage publié à l'initiative scientifique de Nicolas Duvoux

ISBN 978-2-13-083061-0
Dépôt légal – 1ʳᵉ édition : 2021, octobre
© Presses Universitaires de France/Humensis, 2021
170 bis, boulevard du Montparnasse, 75014 Paris

Dans son roman *Les Écœurés*, Gérard Delteil met en scène cet échange entre un Gilet jaune très engagé sur le rond-point local et un journaliste venu l'interviewer à son domicile : « Donc ce ne sont pas seulement les taxes sur le carburant, si je comprends bien ? – Non, c'est tout. – Comment cela, tout ? – Tout, répéta-t-il comme s'il s'agissait d'une évidence. On ne peut plus supporter tout ça[1]. » Ce passage est inventé, mais il pointe bien le sentiment d'évidence que ressentaient beaucoup de Gilets jaunes : sur des milliers de ronds-points de toute la France, le samedi 17 septembre 2018, on ne s'encombra ni de pancartes, ni de leaders, ni de revendications, ni d'assemblées générales. Il n'y eut que des citoyens vêtus d'un gilet jaune, parfois orné de mots d'ordre personnels. Quand on les interrogeait, ils répondaient, mais ne posaient pas de question en retour. Dans la manifestation du jour puis les samedis suivants sur les Champs-Élysées, ils se déplaçaient en petits groupes, tentant de prendre l'Élysée, avant de ravager tout le quartier. Comme précédent avéré, il ne

---

1. Gérard Delteil, *Les Écœurés*, Paris, Seuil, 2019, p. 87.

se trouve guère qu'une pétition en ligne, « Pour une baisse des prix du carburant à la pompe ! », lancée quelques mois plus tôt par Priscillia Ludosky, 32 ans, ancienne employée de banque seine-et-marnaise reconvertie en autoentrepreneuse spécialisée dans la vente de cosmétiques bio. Quinze jours plus tard, le Premier ministre Édouard Philippe annonce la suspension de la taxe sur les carburants, puis le président de la République Emmanuel Macron son annulation.

Pourtant, d'un point de vue plus distancié, cette mobilisation soulève plusieurs paradoxes qui surprirent gouvernants, spécialistes des mouvements sociaux et journalistes. Parmi ceux couvrant les actualités locales, quelle ne fut pas leur surprise de constater qu'ils ne connaissaient aucun des protagonistes des ronds-points et qu'ils avaient affaire à des personnes qui se déclaraient sans appartenance partisane, syndicale ou associative. Et de se voir répondre, quand ils demandaient « Qui est responsable du rond-point ? », une pirouette d'humour noir : « C'est Emmanuel Macron » ou « C'est *tout ça* qui nous fait nous révolter ». Comment donc a-t-il été possible de mettre en œuvre une telle mobilisation à l'échelle nationale sans le soutien d'une structure militante préexistante ? Cette interrogation invite à réouvrir des chantiers de recherche qu'on pensait clos, notamment concernant la sociologie des crises politiques ou la politisation des classes populaires. En effet, si les Gilets jaunes appartiennent essentiellement à ces dernières, comme le suggère la représentation médiatique et comme nous allons l'investiguer empiriquement, alors comment expliquer une telle mobilisation de la part de milieux sociaux dont de nombreux travaux ont souligné[1] la distance au politique, leur sentiment d'incompétence en la matière et la faiblesse de leurs engagements citoyens ? Force est de constater qu'en une quinzaine de jours, c'est-à-dire du début de la mobilisation le samedi 17 novembre jusqu'au retrait de la taxe sur les carburants le mardi 4 décembre 2018, les Gilets jaunes ont fait reculer le gouvernement. Une telle efficacité politique, de la part d'une population caractérisée avant tout par son sentiment d'incompétence politique et son manque présumé de ressources, a de quoi interroger, et faire pâlir n'importe quel « black bloc » ou syndicat protestataire, surtout après l'échec des manifestations contre les réformes des retraites (2010 et 2012) ou du Code du travail (2016).

Une autre difficulté d'interprétation était que les Gilets jaunes recouvraient une réalité très fluctuante en termes de lieux de mobilisation, de types de revendications, de modes d'action, et de leurs temporalités respectives, ce qui rendait difficile d'en parler de manière unifiée. Tel rond-point creusois se trouve investi, à 8 h 30 le mardi suivant l'acte 1, par quinze Gilets jaunes dont sept chômeurs, cinq retraités, et seulement trois femmes. Deux semaines plus tard, la réunion de préparation pour l'acte 3 dans un local de club sportif rassemble soixante personnes, parmi lesquelles de nombreuses infirmières, des journalistes locaux, quelques artistes, ainsi que des ouvriers de l'usine voisine, soit des profils assez variés. Et à Paris sur les Champs-Élysées, ce samedi 8 décembre 2018,

---

1. Dans la lignée de Daniel Gaxie, *Le Cens caché*, Paris, Seuil, 1978.

s'opposent aux forces de l'ordre plusieurs milliers de Gilets jaunes venus de toute la France et rejoints par un « black bloc » très conséquent et des militants d'extrême droite. Un an plus tard, une forte déperdition s'est opérée : ils ne sont plus que quelques centaines sur des ronds-points épars sur le territoire national. Hormis le gilet jaune, quoi de commun au fond entre tous ces rassemblements, leurs organisations et leurs visées, leurs ambiances et leurs compositions sociologiques ?

Ce constat nous a conduit à distinguer d'un côté les occupations de ronds-points ou de péages, et de l'autre les manifestations, même si ces deux types d'actions ne peuvent pas être déconnectés l'un de l'autre. On retrouve dans le second des profils (proches notamment de ce que Pierre Bourdieu appelait la « main gauche de l'État ») et une organisation déjà identifiés dans le répertoire d'actions collectives de la France contemporaine, malgré certaines spécificités (taux élevé de primo-manifestants, non-déclaration en préfecture, pratique hebdomadaire chaque samedi après-midi pendant des mois, ampleur des violences policières). En revanche, l'occupation de rond-point est plus difficile à situer par rapport à ce qu'avait connu le pays ces dernières décennies : à quels précédents ou expériences passées pourrait-elle être rattachée ? Pourquoi avoir ainsi occupé les ronds-points et procédé à des barrages filtrants plutôt que d'opter pour un autre type d'action ? Que se passait-il concrètement sur ces ronds-points et quelle a été leur incidence sur le déroulement ultérieur de la mobilisation des Gilets jaunes ? Qui étaient ces derniers ?

Ce qui unifie selon nous ces différents enjeux, ce qu'il faut entendre par le « tout ça » à la fois évident et mal défini, c'est l'ancrage très fort de cette mobilisation dans des modes de vie partagés par certaines franges de la population française. En effet, cette révolte était sans doute peu cadrée politiquement, mais elle était adossée à des milieux sociaux qui ont constitué comme une sorte de réceptacle d'un ensemble de savoirs pratiques, de mobilisations antérieures, et de préoccupations communes que les ronds-points ont mis en branle. À cet égard, les Gilets jaunes révèlent une crise de la représentation de la société française, dans la mesure où des pans entiers demeurent pour partie peu visibles et intelligibles dans la sphère publique ou du point de vue des gouvernants, par rapport auxquels ils demeurent immergés.

Dans cette remise en question, la dimension socio-économique occupe une place centrale, à travers la question des budgets de famille, définis dans un sens large comme l'ensemble des pratiques monétaires (revenus, dépenses), mais aussi non monétaires (ressources naturelles, organisations temporelles et spatiales), à la croisée de dimensions comme le travail, les transports ou les goûts, qui permettent de « joindre les deux bouts[1] ». Tout se passe comme si les strates de la société française les plus engagées dans les Gilets jaunes révélaient des fragilités socio-économiques qui

---

1. Erwan Le Méner (dir.), « Joindre les deux bouts », *Politique sociale et familiale*, 2016, n° 123 ; Ana Perrin-Heredia, *Logiques économiques et comptes domestiques en milieux populaires*, thèse de doctorat, Université de Reims Champagne-Ardenne, 2010 ; Susanna Magri, Christian Topalov, *Villes ouvrières, 1900-1950*, Paris, L'Harmattan, 1989, en particulier le premier chapitre « Pratiques ouvrières et changements structurels dans l'espace des grandes villes du premier XXᵉ siècle. Quelques hypothèses de recherche », p. 17-40.

ont été jusque-là invisibilisées, ou du moins qui n'apparaissaient pas comme telles à la fois dans le débat public et dans les statistiques officielles.

C'est ce sentiment d'un potentiel décalage, entre le quotidien de toute une partie de la population et la faible visibilité de leur mode de vie, que l'on propose ici d'interroger pour comprendre un phénomène tel que l'émergence des Gilets jaunes. Si l'on se tourne en effet du côté des gouvernés, il est frappant que les arbitrages et les pratiques budgétaires des ménages de Gilets jaunes contribuent à nourrir leurs craintes de remise en cause de leur mode de vie et de déclassement social, notamment en ce qui concerne leurs enfants, et par conséquent leur représentation critique des politiques publiques. Peu documentés demeurent ces agencements de la vie économique domestique que les Gilets jaunes ont soudainement rendus visibles et sur lesquels les gouvernements successifs semblent avoir rogné, mettant en péril les modes de vie qui y sont associés. Il serait possible de parler de « marges de manœuvre », mais cela réduit *a priori* l'importance et la diversité des formes que prennent ces aspects relativement invisibles des budgets de famille. Les Gilets jaunes remettent au centre des débats l'étude de ces agencements qui avait été délaissée ces dernières décennies. C'est ce qui nous amène à proposer de renouer avec une longue tradition de recherches en sciences sociales depuis Frédéric Le Play jusqu'à des travaux comme ceux d'Edward P. Thompson sur la classe ouvrière anglaise ou ceux d'Alf Lüdtke[1] sur la classe ouvrière allemande

1. Frédéric Le Play, *Les Ouvriers européens. Étude sur les travaux, la vie domestique et la condition morale des populations*

des années 1930, qui consiste à décrire soigneusement ces aspects pratiques de la vie socio-économique sans pour autant les dissocier de leurs dimensions politiques. Beaucoup de recherches en sociologie des mouvements sociaux se sont heurtées à cette difficulté de tenir concrètement ensemble les dimensions socio-économique et politique, qui étaient *de facto* étudiées de manière séparée alors qu'aux yeux des intéressés elles forment un tout que nous proposons ici de démêler. La mobilisation sur les ronds-points doit être comprise comme un ancrage à la fois politique et socio-économique des Gilets jaunes qui a été jusqu'ici trop peu décrit et analysé. Elle exprime la remise en question de modes de vie et de leurs soubassements budgétaires, compris comme l'ensemble des manières permettant à ces ménages de « s'en sortir ».

Sans aborder de manière trop approfondie à ce stade les enjeux de méthodes qui seront explicités au fur et à mesure de cet ouvrage, précisons ce qui nous a permis de formuler cette thèse : une enquête monographique quasi quotidienne réalisée dès le 17 novembre 2018 jusqu'au 15 janvier 2019, sur plusieurs ronds-points d'un département situé dans ce que d'aucuns appelleraient la « diagonale du vide » du centre de la France, et qui a fait l'objet d'assez peu d'enquêtes de sciences sociales. Ce département se caractérise par sa ruralité, des difficultés économiques (désindustrialisation,

---

ouvrières de l'Europe. Précédées d'un exposé de la méthode d'observation*, Paris, Imprimerie impériale, 1855 ; Edward P. Thompson, « The moral economy of the English crowd in the eighteenth century », *Past and Present*, 1971, 50 ; Alf Lüdtke, *Des ouvriers dans l'Allemagne du XXe siècle*, Paris, L'Harmattan, 2000.

emplois précaires), une population plutôt populaire et vieillissante, et une remise en cause de services publics (trains, bureaux de poste, hôpitaux, écoles). Quelques jours avant le 17 novembre 2018, une forte incertitude pesait encore sur la teneur de ces rassemblements, notamment eu égard à leur présumée inspiration d'extrême droite. C'est dans ce contexte bien particulier, mais aussi dans le cadre d'une mobilisation locale pour le maintien d'un hôpital de sous-préfecture pour laquelle les Gilets jaunes semblaient *a priori* des alliés potentiels, que nous nous sommes rendu pour la première fois sur un barrage le samedi 17 novembre, avec un gilet jaune sur le dos. Le fait de porter ce dernier n'est pas anodin : cela témoigne sans doute d'une solidarité qui s'est accrue au fil du temps passé sur le rond-point au contact des Gilets jaunes, mais surtout cela permettait d'y passer des heures et des journées entières, de plain-pied, comme c'était le cas de beaucoup d'autres dont la seule présence valait participation. La légitimité acquise *de facto* au cours de ces premiers jours a ensuite été précieuse au moment de progressivement révéler que, étant sociologue et au vu de l'intérêt de ce que nous observions pour les sciences sociales, nous entreprenions dorénavant une enquête, désormais à découvert. Cette démarche présente différents avantages : éviter les biais déclaratifs liés aux sondages, aux enquêtes en ligne[1] ou aux récits rétrospectifs (entretiens *ex post* sans observation antérieure), garder une unité géographique plutôt

1. Collectif (Sciences-Po Grenoble), « Qui sont vraiment les "gilets jaunes" ? Les résultats d'une étude sociologique », *Le Monde*, 26 janvier 2019 ; Collectif Quantité critique, « Enquête. Les gilets jaunes ont-ils une couleur politique ? », *L'Humanité*, 19 décembre 2018.

que de comparer des observations dispersées sur tout le territoire métropolitain, faire des connexions entre des aspects souvent étudiés séparément (en l'occurrence, politisation et budgets de famille, précédents politiques et sociabilité locale préexistante), laisser émerger de manière inductive les *médiateurs* pertinents de la situation en suivant le cheminement de l'enquête. Afin de systématiser ces observations, nous avons également fait passer des questionnaires, inspirés de celui de l'enquête collective nationale[1] à laquelle nous avons participé en les versant, et en co-rédigeant le cahier de codes de la base de données qui en a résulté[2]. Nous avons également réalisé des entretiens auprès de participants rencontrés sur les ronds-points, afin de disposer de données plus approfondies sur leur budget de famille[3]. Enfin, ces éléments ont été complétés par des données cette fois de seconde main : un dépouillement de la presse quotidienne régionale et nationale (*Le Monde*), l'exploitation de différentes bases de données cartographiques[4],

1. Celle-ci a été initiée par la politiste Magali Della Sudda, poursuivie par plus de quatre-vingts enquêteurs, et a fait l'objet d'un compte-rendu : Collectif d'enquête, « Enquêter *in situ* par questionnaire sur une mobilisation », *Revue française de science politique*, 2019, vol. 69, p. 869-892. Le questionnaire portait surtout sur les opinions et expériences politiques traditionnelles, aux dépens des enjeux socio-économiques.

2. La base de données anonymisée est diffusable à des fins de recherche sur demande au collectif.

3. Les noms et prénoms des enquêtés, les noms des communes, ainsi que certains détails ont été changés pour des raisons évidentes de respect de l'anonymat des personnes.

4. Pierre Blavier, Etienne Walker, « Saisir la dimension spatiale du mouvement des "Gilets jaunes" : sources, méthodes et premiers résultats », Journées d'études MetSem/MATE-SHS, 2020.

un recensement de toutes les enquêtes par sondage disponibles, la consultation après coup de plus de cinq cents contributions aux cahiers citoyens collectés dans près d'une centaine de communes du département (rassemblés aux archives départementales), et la lecture de la littérature académique ou militante parue sur le sujet.

Nous aborderons en premier lieu l'occupation des ronds-points en elle-même, car cela permet de cerner les milieux sociaux qui s'y trouvent engagés, de décrire les savoir-faire qu'ils peuvent y mettre en œuvre, et d'identifier l'existence de divers précédents : ces ronds-points furent, au cours des deux premiers mois de mobilisation avant leur déclin ultérieur, le lieu d'une politisation *in situ*, à la fois des personnes mobilisées et des automobilistes. S'intéresser à ce qui s'y passait aide à comprendre à la fois comment les Gilets jaunes ont pu émerger puis se maintenir plusieurs semaines avant de se diviser, constitue un point d'entrée précieux dans les modes et conditions de vie des Gilets jaunes, et s'avère donc indispensable pour articuler mobilisation politique et situation économique. C'est ensuite sur cette dernière que nous nous concentrerons, afin de démêler les dilemmes auxquels sont concrètement confrontés les ménages de Gilets jaunes : l'objectif est bien de tenir ensemble tous les aspects d'un budget de famille, versant monétaire comme non monétaire, et depuis le marché du travail jusqu'à la fiscalité en passant par l'automobile ou l'immobilier. Cela nous permettra de prendre la mesure de l'attaque dont des budgets de famille comme ceux des Gilets jaunes ont été l'objet de la part des gouvernements successifs au cours de ces dernières décennies : c'est bien un mode de vie qui, à tort ou à raison, est remis en question.

**Figure 2. – Enquêteur Gilet jaune
faisant passer un questionnaire à un intérimaire[1]**

1. Source : auteur, 5 décembre 2018.

Première partie

Le blocage routier,
ou la politisation *in situ*

Pour moi, le moment le plus fort a été l'acte 1, à Dinan. Ce n'est pourtant pas une grande ville, mais c'était hallucinant. On a pris le rond-point juste à côté de la quatre-voies, le rond-point de L'Aublette. On l'a choisi, parce qu'il est stratégique ; tous les camions qui partent vers les départementales passent forcément par là. C'est le rond-point qui peut paralyser Dinan ; personne n'avait eu besoin de le proposer, c'était évident pour tout le monde, c'était dit, c'était L'Aublette.

(Maxime Nicolle, *Fly Rider, Gilet jaune*, Vauvert, Au diable vauvert, 2019, p. 46)

Les ronds-points, épreuve de légitimité adossée à des registres populaires

Les occupations de ronds-points par les Gilets jaunes à l'automne 2018 ont surpris tout le monde parce qu'elles détonnent beaucoup par rapport au répertoire d'actions collectives qu'a connu la France contemporaine ces dernières décennies. Il existe bien des précédents historiques de barrages, mais qui n'ont pratiquement jamais pu être décrits à partir d'observations de première main et qui surtout se déroulèrent dans des contextes assez différents, par exemple dans un contexte de révolution[1], de guerre civile[2], par le

---

1. Sur le XIXe siècle français, au cours duquel Mark Traugott recense vingt et une occurrences de barricades, voir, du même auteur, *The Insurgent Barricade*, Berkeley, University of California Press, 2010. Pour un récit vivant des barricades de 1848 : Maurizio Gribaudi, Michèle Riot-Sarcey, *1848 la révolution oubliée*, Paris, La Découverte, 2008.

2. Pour des éléments de description d'un cas plus récent, voir Jean Hatzfeld, *L'Air de la guerre*, Paris, Éditions de l'Olivier, 1994. Le contraste est notable entre les barrages de Yougoslavie – manifestement spontanés, auto-organisés par des miliciens qui sont en réalité des paysans venant de quitter leurs champs aux alentours – et ceux décrits plus tard par l'auteur au Rwanda – tenus cette fois par une armée disciplinée, et qui sont donc coordonnés, organisés, plus réglementés.

biais des *piqueteros* argentins[1], de mouvements de routiers[2], de paysans[3], ou de syndicats dans les Antilles[4]. C'est dire qu'une telle remise en cause de la liberté de circulation, sur tout le territoire métropolitain, a quelque chose d'original, voire d'incongru. Le premier clivage décisif entre ces différents cas est bien entendu l'utilisation, ou non, d'armes à feu, ce qui n'a pas eu lieu au moment des Gilets jaunes.

La seconde distinction concerne l'existence ou non d'une ou de plusieurs organisations susceptibles de coordonner ce type d'actions, comme cela est typiquement le cas dans des mobilisations professionnelles. Mais celles-ci demeurent le plus souvent d'ampleur bien moindre, à la fois dans leur diffusion géographique et dans leur durée. Or cela n'a pas été le cas pour les Gilets jaunes : aucun parti, syndicat ou réseau associatif ne semble aujourd'hui en mesure de coordonner une mobilisation comme celle des Gilets jaunes. Si ceux-ci ont réussi, c'est parce qu'ils se sont appuyés sans le savoir sur une culture partagée de coutumes et plus prosaïquement de manières de faire. En cela ils suggèrent une leçon publique sur la nécessaire accointance entre des modes de mobilisation et les propriétés sociales des acteurs susceptibles d'y prendre

1. Pia Rius, *Faire valoir sa légitimité : radicalité et banalité dans les mouvements des* piqueteros *en Argentine des années 1990-2007*, thèse de doctorat, Paris, EHESS, 2010.
2. Guillaume Courty, « Barrer, filtrer, encombrer : les routiers et l'art de retenir ses semblables », *Cultures & Conflits*, 1993,12.
3. Édouard Lynch, *Insurrections paysannes*, Paris, Vendémiaire, 2019.
4. Pierre Odin, *Pwofitasyon*, Paris, La Découverte, 2019.

part, en l'occurrence de milieux populaires. C'est ce qui sous-tend le succès des premières semaines des Gilets jaunes.

Pourtant, lors de ces dernières, le débat public portait surtout sur les « réponses » au mouvement apportées par le président Emmanuel Macron et le gouvernement, ou sur la « crise des corps intermédiaires », autrement dit sur des enjeux politiques au sens institué du terme (partis, élections, syndicats). En revanche, ce qui se passait concrètement sur les ronds-points était moins relayé, hormis l'article de Florence Aubenas dans *Le Monde*[1] du 15 décembre 2018 qui en apporta une première description, ou bien des observations « à chaud » comme celles de Benoît Coquard[2] tentant de nuancer le mépris dont les Gilets jaunes étaient l'objet. Puis des contributions en donnèrent des éléments supplémentaires, mais à partir d'enquêtes commencées quelques semaines après l'acte 1 et en interrogeant surtout le « rapport au politique » à travers par exemple les réseaux militants et les manières de s'engager[3].

Bien que tous ces aspects soient importants, nous proposons donc de faire un pas de côté en présentant une ethnographie de cette forme de mobilisation

---

1. Florence Aubenas, « La révolte des ronds-points », *Le Monde*, 17 décembre 2018.
2. Benoît Coquard, « Qui sont et que veulent les "gilets jaunes" ? », *Contretemps*, 23 novembre 2018 ; *Ceux qui restent*, Paris, La Découverte, novembre 2019, chap. 1.
3. Raphaël Challier, « Rencontres aux ronds-points », *La Vie des idées*, 19 février 2019 ; Jean Baptiste Devaux, Marion Lang, Antoine Lévêque *et al.*, « La banlieue jaune », *La Vie des idées*, 30 avril 2019.

à la fois typique et singulière qu'est l'occupation de rond-point, et en essayant de comprendre comment celle-ci se déroulait. Faire l'ethnographie de ce que nous avons appelé une politisation *in situ* à la fois des Gilets jaunes et des automobilistes, c'est au fond décrire l'expérimentation quotidienne très forte d'une épreuve de légitimité, en éprouvant ce pouvoir régalien par excellence qu'est la liberté de circulation, mais aussi la capacité de vivre ensemble et de se coordonner à l'échelle même du rond-point. Cela le rattache à des précédents inattendus, si on considère le répertoire d'actions collectives mis en œuvre, avec les références faites aussi bien aux camps de migrants (« Les Roumains à Paris à côté on leur fait de l'ombre lol[1] », message Facebook du groupe local, décembre 2018) qu'à une mobilisation telle que celle de la ZAD de Notre-Dame-des-Landes (« on a monté une zad mdr[2] »). Un autre point de comparaison envisageable serait Nuit debout, en lien avec la mobilisation contre ladite « loi travail » en 2016. Plusieurs centaines de milliers de citoyens se rassemblèrent sur des places de centre-ville, et en particulier place de la République, à Paris. Nous l'introduisons ici parce que les deux mobilisations sont proches dans le temps (printemps 2016 *versus* novembre 2018), bien que le contexte politique ait changé du fait des élections de 2017, et parce qu'il s'agit dans les deux cas d'occupations

---

1. L'abréviation « lol » pour « *lot of laugh* » en anglais est beaucoup utilisée dans les communications Internet, son équivalent en français serait « mort de rire ».

2. L'expression « mdr » étant le raccourci de « mort de rire » sur Internet.

de lieux publics en dehors de la sphère du travail, et que nous disposons de matériaux de première main qui permettent d'effectuer cette comparaison[1]. Pour autant, si les Gilets jaunes partagent quelques points communs avec Nuit debout, ils s'en distinguent également à plusieurs égards notables.

Ces « blocages filtrants », appelés ainsi par les Gilets jaunes et qui n'ont en réalité duré que quelques semaines, sont instructifs parce qu'ils imbriquaient de multiples dimensions : un ancrage local articulé à une échelle nationale, la composition sociologique des participants, les savoir-faire qui s'y rattachent, les soutiens qu'ils ont pu recevoir ou l'hostilité rencontrée, etc. C'est ce qui rend leur description de manière linéaire si difficile, puisqu'en réalité ces aspects font système. Nous avons donc délibérément opté pour une trame essayant de les connecter les uns aux autres au fur et à mesure qu'ils sont identifiés comme pertinents dans l'action en train de se faire. Celle-ci constitue notre principal fil directeur au travers de domaines de la vie sociale assez variés, depuis le blocage routier jusqu'aux rythmes sociaux, depuis des aspects matériels jusqu'à l'organisation spatiale du territoire, en passant par les milieux sociaux des participants. En procédant ainsi, il s'agit d'essayer de rendre compte de leurs expériences sur le rond-point, et de présenter ce qui nous a permis d'identifier ces différents

---

1. Collectif d'enquête, « Déclassement sectoriel et rassemblement public », *Revue française de science politique*, 2017, vol. 67 ; Stéphane Baciocchi, Alexandra Bidet, Pierre Blavier *et al.*, « Qui vient à Nuit debout ? Paris, place de la République, avril-juin 2016, trois méthodes pour une question », *Sociologie*, 2020, vol. 11.

registres. Certes, chaque rond-point a probablement ses particularités, mais cette démarche monographique permet de proposer des éléments d'explication sur la manière dont cette *forme de mobilisation* a pu être durablement investie par des citoyens réputés distants des formes les plus institutionnalisées de la politique, que ce soit par choix ou par méconnaissance, ainsi que sur des facteurs de démobilisation, voire de démantèlement, ou encore sur ses articulations avec les manifestations parisiennes.

Pour cela, nous nous intéresserons d'abord à ce qui constitue le socle fondamental des Gilets jaunes : leur ancrage dans les « milieux de la route » et leur familiarité avec la circulation routière (chapitre 1). Cela est connecté avec un ensemble de savoirs et pratiques qui ont pu y être mis en œuvre (chapitre 2), mais aussi avec des réseaux locaux et des mobilisations antérieures qui avaient jusque-là « échappé aux radars » (chapitre 3).

CHAPITRE 1

La route et ses enjeux

UNE FORME D'ACTION PARTICULIÈRE : LE BLOCAGE ROUTIER

Ce matin du samedi 24 novembre 2018, une semaine après l'acte initial des Gilets jaunes, sur ce rond-point en périphérie d'une ville moyenne du centre de la France, le trafic automobile est « filtré » aux quatre entrées.

L'une d'elles est particulièrement bien organisée. Différents objets de la route, amenés là au fil des jours précédents par des occupants et sympathisants, sont disposés pour contraindre les automobilistes à ralentir et à ne passer que sur une seule voie, dans le sens de l'entrée comme de la sortie de rond-point : une dizaine de pneus, trois plots orange, deux glissières rouge et blanche habituellement utilisées comme signalétique pour les travaux de la route ont été placés sur la chaussée (Figure 3). Le « filtrage » consiste à ne faire passer que quatre ou cinq voitures à la fois, avant de passer la main à une autre entrée de rond-point, tour à tour et de façon coordonnée, à la manière d'agents de circulation. Le barrage filtrant se met en place vers 9 h 30, et durera toute la journée.

José, un mécanicien de 50 ans en accident de travail à cause d'une épaule « fatiguée », et son frère Dominico, « au SMIC depuis trente-deux ans » dans une laverie, s'y trouvent engagés en régulant le trafic grâce à de multiples petits gestes faisant office de première prise de contact avec les automobilistes : claquer dans ses mains ou tourner des bras pour intimer d'accélérer, faire un geste invitant à klaxonner, lever le pouce ou le bras pour saluer à la manière des motards. Les deux hommes sont rapidement rejoints par Didier, un solide cariste de l'usine aux abords du rond-point déjà rencontré les jours précédents, et qui restera là jusqu'à son embauche à 20 heures avec l'équipe de nuit du week-end. Axel, ouvrier qualifié d'une quarantaine d'années, à l'« accent bordelais » selon les autres, sportif et sympa, mais timide, avec de petites boucles d'oreille, est précis à la fois sur l'ajustement des pneus et ses indications aux automobilistes. Par deux fois, nous l'entendrons expliquer à d'autres arrivants – une quinzaine le matin, puis une vingtaine l'après-midi – de « toujours mettre un obstacle » entre eux et les véhicules. Mais jamais ces quatre hommes n'accéléreront le pas de leurs petits déplacements incessants, ni n'arrêteront de commenter les voitures dont ils semblent de fins connaisseurs : « Aïe, ça ne va pas passer le contrôle technique ! » ; « Aïe, aïe, la boîte de vitesse ! » ; « Magnifique ! », etc.

La veille, un petit feu de palettes avait été allumé sur l'à-côté goudronné, mais il fut rapidement éteint car un Gilet jaune s'en était offusqué en arguant du coût du bitume que lui et ses collègues de la direction départementale de l'équipement (DDE) seraient obligés de remplacer. C'est donc dans un petit tonneau rouillé que brûle une sorte de *brasero* alimenté par des morceaux de palettes prises sur le terre-plein central et découpées à la tronçonneuse.

Cet extrait montre que le savoir-faire le plus directement visible, et sans doute le plus important dans ces circonstances, concerne le fait même de réguler le trafic automobile, et de faire en sorte que cette opération « se passe bien », c'est-à-dire concrètement qu'elle ne génère pas d'accident comme cela a pu arriver dès la première matinée du 17 novembre. Ce jour-là, la nouvelle du décès d'une « manifestante » percutée par une automobiliste prise de panique (emmenant sa fille chez le médecin) avait circulé dès la fin de matinée. Les problèmes avec les automobilistes étaient alors beaucoup plus fréquents que par la suite, probablement du fait de leur surprise et de la mise en place improvisée du dispositif.

Figure 3. – Gérer la circulation, ou savoir limiter la vitesse d'entrée et de sortie du rond-point[1]

1. Source : auteur, 5 décembre 2018.

Cet objectif justifie de manière pratique le port du gilet jaune, conformément à sa fonction initiale : être vu par les automobilistes lorsqu'on est un piéton sur la chaussée ou en bord de route, à la suite d'une réforme de Nicolas Sarkozy en 2008 rendant obligatoire sa présence dans chaque véhicule. Une vidéo postée sur Facebook dès le 24 octobre 2018 par Ghislain Coutard, présenté *ex post* comme un « technicien de maintenance » de 36 ans originaire de l'Aude, appelait déjà dans sa camionnette de travail à mettre le gilet jaune sur son pare-brise pour montrer sa solidarité. Ce n'est toutefois que plus tard qu'il deviendra un marqueur symbolique d'engagement pour ceux qui, dans un premier temps, ne s'appelaient que « manifestants ».

Les présents disposent des obstacles sur la chaussée, constitués à partir de palettes et de matériel routier (plots, glissières de sécurité en plastique, pneus), visant à faire ralentir les automobilistes. Cette aptitude à réguler le trafic routier se manifeste précisément par la mise en place de ce dispositif, mais aussi par toute une gestuelle. Elle s'accompagne chez beaucoup de solides connaissances en matière d'automobiles et de mécanique, comme le signalent les commentaires incessants sur les styles de véhicules. C'est également ce que suggère la venue sur le rond-point d'autres véhicules à moteur, tels que des quads (motocycle à quatre roues) ou des motos qui sont garés à proximité ou sur le terre-plein central, ou bien le « tuning » et les stickers (Figure 4) présents sur certains véhicules et qui constituent d'autres indices d'un fort investissement. Cette passion pour les véhicules à moteur se retrouve aussi chez plusieurs initiateurs à l'échelle nationale tels qu'Éric Drouet, routier fan de tuning, ou Maxime Nicolle, qui animait un groupe Facebook de mécanique automobile où il faisait déjà des *live* sous le pseudonyme de « Fly Rider ».

**Figure 4. – Stickers sur le pare-brise
d'une voiture « tunée » garée sur le terre-plein central[1]**

1. Source : auteur, 24 novembre 2019.

C'est donc une grande familiarité avec « le milieu de la route » qui se manifeste ici : la culture automobile est omniprésente. Tout cela renvoie à la composition sociologique des Gilets jaunes, directement concernés par la revendication initiale de suppression de la taxe sur le carburant.

LES « MONDES DE LA ROUTE »

Les quatre participants décrits plus haut sont à l'image des profils rencontrés tout au long de la première semaine, et dont une première sociographie peut être établie à partir de leur catégorie socioprofessionnelle (pour des précisions méthodologiques, voir l'annexe à la fin de la première partie).

En ce qui concerne leurs professions, il s'avère (Figure 12, dans l'annexe de fin de 1ʳᵉ partie) que les Gilets jaunes se composent surtout d'ouvriers et d'employés, et dans une moindre mesure de petits indépendants et de professions intermédiaires, soit une composition socioprofessionnelle conforme à la représentation médiatique et en forme de « miroir inversé » par rapport à un rassemblement public contemporain tel que celui de Nuit debout place de la République. Cette opposition cadres *versus* classes populaires renvoie à des différences spatiales : ronds-points *versus* places républicaines, territoires périurbains et ruraux *versus* Paris et les grandes villes. Cet ancrage populaire des Gilets jaunes constitue un résultat renseigné et partagé par l'ensemble des onze enquêtes quantitatives que nous avons pu répertorier[1].

Toutefois, à y regarder de plus près, la répartition par catégories socioprofessionnelles à un niveau plus détaillé (catégorie socioprofessionnelle à deux chiffres) révèle une représentation un peu différente et plus bigarrée. En effet, la répartition obtenue dans la Figure 12 suggère que les milieux socioprofessionnels présents sont en réalité relativement spécifiques. Ainsi, les « classes populaires » y apparaissent avec certaines distorsions par rapport à leur représentation dans l'ensemble de la population active. Par exemple,

---

1. Jérôme Fourquet, Sylvain Manternach, « Les "gilets jaunes" : révélateur fluorescent des fractures françaises », IFOP Focus, novembre 2018 ; Jérôme Fourquet, « Enquête complotisme 2019 : focus sur le mouvement des "gilets jaunes" », Fondation Jean-Jaurès, 11 février 2019 ; Collectif (Sciences-Po Grenoble), « Qui sont vraiment les "gilets jaunes" ? Les résultats d'une étude sociologique », art. cit. ; Luc Rouban, « Les gilets jaunes ou le retour de la lutte des classes », *Le Baromètre de la confiance politique. La note*, janvier 2019, n° 2 ; Yann Algan, Elizabeth Beasley, Daniel Cohen *et al.*, « Qui sont les gilets jaunes et leurs soutiens ? », *Note de l'Observatoire du bien-être*, CEPREMAP, 14 février 2019 ; Yann Algan, Clément Malgouyres, Claudia Senik, « Territoires, bien-être et politiques publiques », *Note du Conseil d'analyse économique (CAE)*, janvier 2020, n° 55 ; Sandra Hoibian, « Les gilets jaunes, un "précipité" des valeurs de notre société », CREDOC, avril 2019 ; Jean-Yves Dormagen, Geoffrey Pion, « Le mouvement des "gilets jaunes" n'est pas un rassemblement aux revendications hétéroclites », *Le Monde*, 27 décembre 2018 ; Institut Montaigne, « Gilets jaunes : la partie émergée de la société française ? », 20 mars 2019 ; Simon Porcher, « Qui sont les gilets jaunes ? Une étude sur les dix plus grandes villes françaises », *Document de travail*, 2019 ; L'ObSoCo, « Qui sont les gilets jaunes, leurs soutiens et leurs opposants ? », février 2019 ; Collectif Quantité critique, « Enquête. Les gilets jaunes ont-ils une couleur politique ? », art. cit..

il faut noter que des catégories socioprofessionnelles comme les employées administratives d'entreprise ou les ouvriers qualifiés de l'artisanat sont sous-représentés : les premières sont très peu présentes, ce qui fait probablement écho au fait que cette catégorie socioprofessionnelle apparaît plus largement peu mobilisée, par exemple dans les conflits en entreprise, où elle adopte plutôt des positions proches de la direction[1]. Quant aux ouvriers de l'artisanat, Benoît Coquard[2] explique leur relative absence par une solidarité avec leurs employeurs auxquels ils sont reconnaissants de leur donner du travail. Ces écarts amènent à nuancer quelque peu le recours à la notion de « classes populaires » pour décrire la composition socioprofessionnelle des Gilets jaunes : dans la construction de l'objet, utiliser d'emblée cette expression reviendrait à se priver d'observer certaines particularités révélatrices. Les historiens ont déjà bien montré la difficulté d'homogénéiser la composition d'un public et l'intérêt de la saisir finement, par exemple à propos de la foule ayant pris d'assaut la Bastille[3].

De même, il faut nuancer plusieurs hypothèses simples qui ont été formulées à chaud pour qualifier la composition sociale des Gilets jaunes. Celle-ci recoupe les « petits moyens » des pavillons de Gonesse

1. Pierre Blavier, Tristan Haute, Étienne Pénissat, « Du vote professionnel à la grève. Les déterminants sociaux et économiques de la participation en entreprise en France », *Revue française de science politique*, 2020.

2. Benoît Coquard, *Ceux qui restent, op. cit.*, p. 36 et suiv.

3. George Rudé, *La Foule dans la Révolution française*, Paris, François Maspero, 1982 [1959].

enquêtés par Marie Cartier et ses coauteurs[1], mais sans pour autant y correspondre parfaitement, car ceux-ci étaient plus franciliens, plus utilisateurs des trains de banlieue que de voitures, ils avaient plus souvent connu une ascension sociale par rapport à leurs origines populaires (les femmes bien souvent comme employées administratives, les hommes comme professions intermédiaires par promotion dans d'anciennes grandes entreprises publiques telles qu'EDF-GDF, RATP ou France Télécom), et une autre partie de leurs enquêtés était plus d'origine immigrée. De même, l'hétérogénéité que nous constatons pour les Gilets jaunes ne cadre qu'en partie avec les hypothèses formulées par Bruno Palier en termes de mobilisation de professions intermédiaires inquiètes face aux changements technologiques[2]. Ce raisonnement expliquerait certes la présence parmi les Gilets jaunes de nombreux ouvriers qualifiés industriels ou de caissières, dont les emplois sont menacés face à la robotisation croissante de l'industrie ou de services tels que le passage en caisse, mais d'un autre côté les professions intermédiaires proprement dites, par exemple les techniciens, étaient peu présentes sur les ronds-points. Ce prisme manque aussi le caractère

---

1. Marie Cartier, Isabelle Coutant, Olivier Masclet *et al.*,, *La France des « petits-moyens »*, Paris, La Découverte, 2008 ; Isabelle Coutant, « Les "petits-moyens" prennent la parole », *in* Joseph Confavreux (dir.), *Le Fond de l'air est jaune*, Paris, Seuil, 2019, p. 147-150.

2. Bruno Palier, « Les conséquences politiques du changement technologique », 13 avril 2019 ; voir en ligne : www.sciencespo.fr/research/cogito/home/les-consequences-politiques-du-changement-technologique (consulté le 26 juillet 2019).

sectoriel de la mobilisation. Enfin, Bruno Amable s'interrogeait sur les Gilets jaunes en tant que potentiel « bloc antibourgeois », dans la lignée de ses travaux avec Stefano Palombarini[1]. Dans cette perspective, le mouvement initié en novembre 2018 pouvait laisser espérer un rassemblement des oppositions de gauche et de droite à Emmanuel Macron et à ses réformes néolibérales favorables au « bloc bourgeois ». Mais cette intéressante hypothèse s'est heurtée précisément à la diversité sociologique des présents, qui rendait difficile de raisonner en termes de « blocs », en tout cas du point de vue des intéressés.

En effet, si on regarde les données d'enquête, il apparaît une nette surreprésentation de professions se rattachant aux « milieux de la route » : les chauffeurs pour les deux sexes (trois fois plus représentés que leur part dans l'ensemble de la population active), mais aussi les ouvriers qualifiés et non qualifiés de l'industrie (dont un noyau dur de mécaniciens en garage ou en usine) pour les hommes, et les professions de la santé et des services à domicile pour les femmes. Ainsi les chauffeurs et ouvriers de l'industrie (qualifiés ou non) comptent pour plus de la moitié des hommes actifs de notre échantillon, ce qui reflète une importante concentration professionnelle. De même, les auxiliaires de services hospitaliers (ASH) et aides-soignantes (PCS 52), les infirmières (PCS 43), les aides à domicile (PCS 56)

---

1. Bruno Amable, Stefano Palombarini, *L'Illusion du bloc bourgeois. Alliances sociales et avenir du modèle français*, Paris, Raisons d'agir, 2018 [2017] ; Bruno Amable, « Vers un bloc antibourgeois ? », *Libération*, 26 novembre 2018.

réalisant des tâches de ménage, de cuisine, de garde d'enfants, comptent à elles seules pour plus de la moitié des femmes présentes quel que soit l'échantillon considéré, ce qui montre là encore une certaine concentration professionnelle : il s'agit globalement du secteur du soin (*care* en anglais). Cette dénomination est discutable, mais elle a le mérite de synthétiser des traits communs à ce secteur d'emploi : main-d'œuvre très féminine, relations de services, faiblesse des rémunérations et parfois des qualifications, ce qui donne lieu à des mobilisations croissantes sur lesquelles nous reviendrons.

Enfin, les agriculteurs et les petits indépendants (autoentrepreneurs avec pas ou peu de salariés, artisans) sont également surreprésentés, dans les deux cas plus du double de leur représentation nationale. Néanmoins, au regard de l'ensemble des participants, leur poids demeure finalement restreint, du fait aussi qu'ils sont très minoritaires dans la société française. Cette composition masculine doit être complétée par des militaires et gendarmes retraités, ou de nombreux « agents territoriaux », c'est-à-dire concrètement beaucoup de cantonniers, souvent des fonctionnaires de catégorie C de la fonction publique rémunérés autour du SMIC et avec très peu de perspectives d'évolution de carrière.

Des conditions de travail parfois pénibles telles que le travail de nuit[1] pour des rémunérations et des carrières modestes constituent un premier point

---

1. Pour le travail de nuit des services de santé comme des chauffeurs et ses effets sur la famille, voir les cas de Tanguy (p. 53-54) ou Michaël (p. 139) dans Vincent Jarousseau, *Les Racines de la colère*, Paris, Les Arènes, 2019.

commun entre toutes ces catégories, mais ils partagent également un usage intensif de la route : utilisation quotidienne de la voiture pour se rendre au travail et plus généralement pour se déplacer en raison de leur habitat en zones périurbaines rurales[1], enjeu de prise en charge financière des déplacements à domicile (par exemple pour les aides-soignantes et les infirmières libérales) dans un contexte de restructuration des centres de soins, expérience des dangers de la circulation pour les chauffeurs et des accidents d'engin en entrepôt (cas des routiers, caristes et magasiniers). En outre, ces effets sont redoublés du fait que ces milieux sociaux sont liés sur le marché matrimonial[2].

Autrement dit, ce sont d'abord sur ces expériences professionnelles quotidiennes et socialisations partagées que se sont adossés les « barrages filtrants », à l'instar de celui décrit plus haut. Cet éclairage peut aussi aider à comprendre l'aisance avec laquelle un chariot élévateur a pu être utilisé pour défoncer l'entrée du porte-parolat du gouvernement, rue de Grenelle, le 5 janvier 2019. Les Gilets jaunes possèdent ainsi des compétences pour faire passer des

---

1. Cette surreprésentation conséquente des ouvriers et des employés en zone rurale, plutôt que des agriculteurs qui sont comparativement beaucoup moins nombreux, a été beaucoup soulignée par le groupe de recherche du CESAER : Ivan Bruneau, Gilles Laferté, Julian Mischi, Nicolas Rénahy (dir.), *Mondes ruraux et classes sociales*, Paris, EHESS, « En temps & lieux », 2018.

2. Thomas Amossé, « Diversité et dynamique des couples populaires au regard de leur milieu social familial », *Sociologie*, 2019, vol. 10, n° 1, p. 17-36 ; Lise Bernard, Christophe Giraud, « Avec qui les ouvrières et les employées vivent-elles en couple ? », *Travail, genre et sociétés*, 2018, n° 39, p. 41-61.

voitures, comme c'est le cas en tant que conducteurs d'engins ou de camions sur les chantiers, à l'usine, ou dans les entrepôts logistiques. Pour eux, se vêtir d'un gilet jaune ne leur est pas du tout étranger : c'est aussi une tenue de travail. Là où Nuit debout mettait en place de la communication médiatique ou des formes d'université populaire, grâce à sa composition sociologique de journalistes et d'universitaires, les Gilets jaunes mettent en œuvre une « gestion des flux » automobiles symbolisée par les palettes. Il existe ainsi une très forte congruence entre les milieux socioprofessionnels investis dans un mouvement social et ses formes d'action, du fait de la mise à profit des habitudes et compétences professionnelles. Ces « milieux de la route » sont particulièrement concernés par des réformes telles que la hausse de la taxe sur le diesel, le durcissement du contrôle technique ou bien l'abaissement de la limite de vitesse autorisée de 90 à 80 km/h sur les départementales. Une partie d'entre eux s'étaient d'ailleurs déjà mobilisés contre cette réforme.

LA HAUSSE DU PRIX DU CARBURANT

La fiscalité a sans nul doute constitué un enjeu-clé de la mobilisation des Gilets jaunes, tel qu'énoncé par la pétition initiale revendiquant la suppression de la « taxe carburant ». L'enquête collective nationale par questionnaire a bien relevé que ce thème comptait parmi les revendications les plus fréquemment citées. En cela, leur mobilisation s'inscrirait dans la très longue histoire des révoltes fiscales et populaires en France[1], depuis certains aspects de la Révolution française jusqu'aux bonnets rouges historiques[2], en passant par le poujadisme.

Toutefois, d'un point de vue comptable, l'effet de la taxe sur le prix de l'essence demeure modeste : 0,065 euro par litre en plus pour le diesel, 0,029 euro par litre pour l'essence. Pour un automobiliste moyen qui parcourt 48 kilomètres par jour (soit 17 520 kilomètres par an, ce qui revient à 1 440 kilomètres par mois) et consomme 6 litres aux cent, soit 86 litres par mois, cette taxe revient à un surcoût mensuel d'environ 6 euros (86 × 0,065), soit une augmentation réelle mais somme toute peu élevée.

En revanche, considérer le coût du diesel est plus réaliste puisque celui-ci est passé de 1,16 euro/L TTC en juin 2017 à 1,58 euro/L TTC en novembre 2018. Cela revient, pour le même automobiliste moyen que précédemment, à un surcoût mensuel de 36 euros – 86 × (1,58 – 1,16) –, soit plus de six fois l'effet de la taxe en elle-même. Ces deux effets augmentent proportionnellement avec les kilomètres parcourus mensuellement. Le fait que le prix de l'essence avoisine celui du diesel, alors que ce dernier avait été auparavant recommandé pour des raisons écologiques

---

1. Nicolas Delalande, *Les Batailles de l'impôt. Consentement et résistances de 1789 à nos jours*, Paris, Seuil, 2011.

2. Gauthier Aubert, *Les bonnets rouges ne sont pas des Gilets jaunes. Archéologie des fureurs populaires en Bretagne*, Rennes, PUR, 2019.

malgré son coût tendanciellement plus cher à l'achat du véhicule, a aussi été perçu comme une « arnaque » de la part du gouvernement dont les primes de reconversion proposées étaient jugées insuffisantes. C'est probablement pour cela que dès le 18 octobre 2018 le ministre de l'Écologie François de Rugy annonça deux mesures « en direction des ménages modestes et ruraux » : un « coup de pouce » à la prime à la conversion automobile pour les foyers non imposables (2 000 euros, 2 500 dans le cas d'un véhicule électrique, 1 000 euros pour les imposables), et une extension du crédit d'impôt « transition énergétique » pour l'enlèvement des vieilles chaudières à fioul (et plus seulement l'installation de matériel). Ces mesures sont à nouveau communiquées fin octobre par le ministre de l'Économie Bruno Le Maire au *Parisien* et par le ministre de l'Action et des Comptes publics Gérald Darmanin au *Journal du dimanche*.

En outre, cet enjeu du diesel polluant se présente en milieu urbain autrement que dans les territoires ruraux, moins concernés par la pollution atmosphérique, même si cette distinction est un peu schématique. Enfin, le prix des deux types de carburant était particulièrement élevé et en augmentation à l'automne 2018 (Figure 5), indépendamment de ce projet de taxe supplémentaire. Toutefois, de tels niveaux avaient déjà été atteints par le passé, par exemple en 2008 et 2012 : cette dimension peut donc difficilement rendre compte à elle seule du soulèvement des Gilets jaunes, rendant partielle l'explication en termes de révolte fiscale reposant uniquement sur la taxe sur le carburant. Cela rappelle aussi, dans la

Figure 5. – Évolution des prix du carburant
(2006-2019)[1]

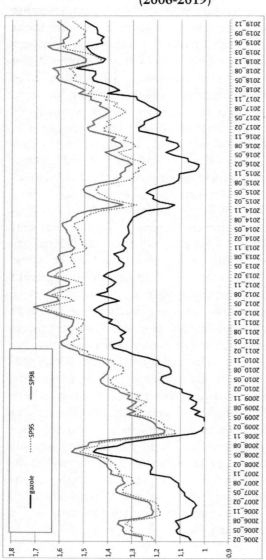

1. Source : www.carbo.com, moyenne lissée mensuellement. Lecture : en mai 2006, le prix du gasoil en moyenne dans les pompes françaises était de 1,1 euro/L. Notes : les prix des carburants sont recensés par l'État sur le site www.prix-carburants.gouv.fr depuis 2006, indice qu'il s'agit d'un chiffre politiquement chargé. Mais il ne permet pas d'accéder à des données dans la durée, ce que fait en revanche le site https://carbu.com qui collecte les prix et a répondu favorablement à notre demande. L'INSEE compile également des données de prix, mais de manière annuelle et moins détaillée (voir la seconde partie de cet ouvrage).

lignée d'autres travaux[1], que ce type de soulèvement repose toujours sur des enjeux plus larges que la seule taxation d'un bien en particulier. Ces indices nous orientent vers d'autres aspects de la fiscalité des ménages et du budget automobile, que nous aborderons dans la seconde partie de cet ouvrage.

UN PRÉCÉDENT POLITIQUE CENTRAL : LA MOBILISATION CONTRE « LES 80 KM/H »

Ces milieux de la route comprennent les motards, nombreux sur les ronds-points. Précautionneux à l'égard de leur « bécane », ils se connaissent et se déplacent en groupe, et sont repérables grâce à leurs motos et leurs vêtements caractéristiques : vestes et pantalons en cuir noir, gants rembourrés, casques rutilants. Ils se démarquent également par leur implication (faire pétarader les motos sur le rond-point, les garer en groupe sur le terre-plein central, organiser une opération escargot).

Leur présence s'inscrit dans la mobilisation antérieure contre la limitation de vitesse à 80 km/h dès le début de l'année 2018, comme en attestent plusieurs sources. Il faut ainsi rappeler qu'une pétition contre cette mesure avait reçu plus d'un million de

1. Edward P. Thompson, « The moral economy… », art. cit. ; Béatrice Hibou, *Anatomie politique de la domination*, Paris, La Découverte, 2011.

signatures avant son entrée en vigueur, le 1ᵉʳ juillet 2018. C'est en janvier 2018 que furent créés beaucoup de groupes Facebook intitulés « Colère » suivi du numéro du département, par exemple « Colère 44 », et qui furent réactivés en novembre 2018, sur notre terrain comme à l'échelle nationale[1]. Ils jouèrent un rôle de relais d'informations sur l'état de la mobilisation locale *via* en particulier des vidéos *live* depuis des téléphones portables, des messages rageurs sur Internet et des invitations à rejoindre le rond-point. Une partie de ces contenus disparaissait instantanément, probablement en raison de la virulence des propos ou d'un signalement aux forces de l'ordre.

Du reste, la presse quotidienne locale du département rapporte des défilés de motards, dont beaucoup portent alors déjà un gilet jaune, devant la préfecture locale, pour protester contre les 80 km/h les samedis 3 février et 10 mars 2018, à l'appel de fédérations de motards et d'automobilistes. Selon les articles, ceux-ci critiquent cette mesure en raison de la surconsommation de carburant qu'elle entraînerait et de son inefficacité pour réduire la mortalité routière. D'après eux, elle serait surtout destinée à « [les] prendre en otage » en « faisant de l'argent » avec les radars et la récupération de points de permis de conduire. Ils appellent « tous les usagers de la route » à les rejoindre, et essaient d'élargir leur mobilisation à d'autres revendications : « le contrôle technique abusif, la privatisation

---

1. Adrien Sénécat, « Derrière la percée des "gilets jaunes", des réseaux pas si "spontanés" et "apolitiques" », *Le Monde*, 17 avril 2019.

des radars, la hausse des taxes, et la hausse de la CSG pour les retraités[1] ». Cette mobilisation, qui à l'époque n'a pas infléchi la position du gouvernement, est intéressante parce qu'elle nuance la spontanéité présumée des Gilets jaunes, mais aussi parce qu'elle renvoie plus largement à la question des coûts associés à l'automobile sur lesquels nous reviendrons dans la seconde partie de cet ouvrage.

LES « BONNETS ROUGES », UN PRÉCÉDENT ?

Un autre précédent en matière de lutte liée à la fiscalité et aux véhicules à moteur doit être interrogé : les bonnets rouges. À l'automne 2013, le gouvernement entreprend de mettre en application une « écotaxe » sur le trafic routier qui serait mise en œuvre au travers de portiques automatiques installés sur le bord des routes. Ce projet se heurte au saccage de ces derniers et à d'importantes manifestations, notamment en Bretagne, qui firent finalement reculer le gouvernement de l'époque sous la présidence de François Hollande : ces événements font apparemment penser aux Gilets jaunes, et dans les deux cas il s'agit de projets de fiscalité dite « environnementale » donnant lieu à une vive mobilisation et finalement avortés.

---

1. Source : quotidien local anonymisé, éditions du 4 février et du 12 mars 2018.

Les travaux au sujet des bonnets rouges sont rares, mais ceux de Marion Rabier, Gauthier Aubert ou Alexis Spire[1] suggèrent cependant qu'ils se distinguent nettement des Gilets jaunes, à deux égards : d'une part, les premiers se limitent à la Bretagne tandis que les seconds se déploient sur tout le territoire national, et, d'autre part, ils résulteraient d'une alliance entre ouvriers de l'agroalimentaire, petit patronat et syndicats agricoles, qui n'appelèrent pas à rejoindre les Gilets jaunes. Pourtant, des questionnaires récoltés sur notre terrain en région Centre nuancent ces arguments et jettent un éclairage original sur les événements locaux du 17 novembre 2018 :

Jean est rencontré samedi 29 décembre 2018, en début de soirée (19 h 25), alors qu'il participe à un barrage filtrant sur un des ronds-points enquêtés. Fils d'un salarié agricole et d'une ouvrière de la confection, il a 54 ans, habite dans une commune à une vingtaine de kilomètres de la préfecture, et n'a pas de diplôme hormis une formation de plombier dans un centre professionnel pour adultes, métier qu'il exerce maintenant à son compte, sans salarié, depuis douze ans. Il nous déclare avoir galéré ces dernières années, à cause des « charges » et de son crédit. Lorsque nous lui demandons quels « trucs et astuces » il utilise pour s'en sortir, dans un premier temps il ne veut pas nous répondre, puis il confesse avoir intensément recours au travail au noir.

---

1. Marion Rabier, « Sous le bonnet, la classe : retour sur le mouvement des bonnets rouges », *Agone*, n° 56, p. 153-172 ; G. Aubert, *Les Bonnets rouges ne sont pas des Gilets jaunes...*, *op. cit.* ; Alexis Spire, « Voir les gilets jaunes comme des citoyens mobilisés contre l'écologie serait une erreur », *in* Collectif, *« Gilets jaunes ». Hypothèses sur un mouvement*, Paris, La Découverte, mars 2019, *AOC Cahier*, n° 1.

Il dit se mobiliser « comme tout le monde, contre les charges, le gasoil », et ce dès qu'il a « un moment de libre après le travail » depuis le premier samedi du 17 novembre 2018. Lorsque nous lui demandons comment s'est passé ce premier acte, il nous dit qu'il a été le premier à bloquer le rond-point X. [nom d'une grande surface anonymisé] dès 8 heures du matin, en garant sa voiture (une Mercedes e290 de 1997) sur le terre-plein central, ce qui lui a valu 135 euros d'amende et même d'être interpellé par les forces de l'ordre qui, selon lui, l'ont pris pour le « commanditaire » de cette occupation de rond-point. Il a ensuite été retenu plus de trois heures avant d'être libéré, suite à l'arrivée au commissariat d'un « dealer de drogue ». Puis, sur le même ton très assuré de celui qui en a à revendre à l'enquêteur, il répond à la question sur l'expérience d'une « participation à une manifestation ou un blocage avant les Gilets jaunes » en racontant qu'il avait déjà bloqué l'autoroute « il y a trois ou quatre ans contre l'écotaxe, avec les routiers, les agriculteurs, les artisans ». Il n'a aucune autre expérience militante antérieure. C'est un électeur du FN « depuis toujours » même s'il n'a jamais eu sa carte.

Ce cas de figure nous étonne, moins pour le profil qui est somme toute classique – un électeur FN, artisan, qui se plaint des « charges » – que pour ce qu'il révèle à la fois des bonnets rouges et des Gilets jaunes du 17 novembre 2018. Si les milieux sociaux mobilisés semblent donc un peu différents, ils se recoupent quand même, à l'image de cet artisan. Suivant la piste qu'il nous suggère, nous avons confronté ses dires avec les archives du quotidien départemental au moment des bonnets rouges à l'automne 2013. Celles-ci confirment en fait que l'autoroute avait déjà été coupée à cette époque, à peu près au même endroit que le 17 novembre 2018, comme en atteste l'édition du journal local en date du mardi 10 décembre 2013 à propos d'événements survenus la veille :

L'édition du quotidien local du 10 décembre 2013 est titrée « Taxes : colère dans la rue et sur l'A99 », montre une écotaxe bâchée avec une banderole « Le bâtiment en colère », sous laquelle se trouvent plusieurs tracteurs et quelques manifestants et gendarmes. Son sous-titre résume le déroulement de la journée : « Après avoir défilé à [nom de la ville], les entrepreneurs ont bloqué l'A123 pendant tout l'après-midi, avant d'être reçus par le préfet. » L'article en question, en pleine première page, rapporte qu'il s'agit d'une « manifestation artisanale, patronale et agricole » de près de cinq cents personnes et insiste sur le caractère inédit de cet événement : la formule « Du jamais vu » ouvre ainsi l'article. Celui-ci précise que la manifestation s'est déroulée à l'appel « de la Fédération française du bâtiment (FFB) mais aussi de l'Union des entreprises [du département], de la Confédération générale des petites et moyennes entreprises (CGPME), de la Confédération de l'artisanat et des petites entreprises du bâtiment (CAPEB) ou de l'Union professionnelle artisanale (UPA), sans oublier la Fédération départementale des exploitants agricoles (FDSEA) » qui dénoncent « en vrac, la pression fiscale, les réglementations toujours plus lourdes, les charges, les hausses de TVA, etc. ». Le journal indique que la rencontre a dans un premier temps été refusée par le préfet, ce qui a déclenché une colère à l'origine du blocage de l'autoroute au niveau du portique, après quoi le représentant de l'État a accepté de rencontrer une délégation de « responsables patronaux ». Sur la photo qui illustre l'article, on peut voir défiler des manifestants dont la plupart sont vêtus d'un gilet jaune et d'un casque de chantier.

Cet épisode est pertinent pour nous à plusieurs égards. D'abord, les points communs avec les Gilets jaunes sont bien entendu troublants, même si les bonnets rouges apparaissent plus structurés par un ensemble d'organisations. Ensuite, il nuance l'idée que les « bonnets rouges » se seraient strictement limités à la Bretagne comme le sous-entendent des études antérieures, puisque dans ce département du centre de la France aussi l'autoroute avait été bloquée, d'où une expérience et concrètement un savoir-faire militant en matière de blocage routier. Nos observations inviteraient ainsi à une plus grande prudence et à une relecture de cette mobilisation prenant en compte le risque de « contagion » pour comprendre le recul de la présidence de François Hollande sur cet enjeu.

CHAPITRE 2

Occuper le rond-point, ou mettre en œuvre des savoir-faire

UNE ORGANISATION TACTIQUE EN CONSÉQUENCE

Une incidence supplémentaire de cette familiarité avec la circulation routière concerne le choix des ronds-points occupés. Comme l'a noté Jean-Laurent Cassely dès le 19 novembre 2018 : « La majorité des appels à bloquer le trafic routier mentionne comme lieu de rassemblement un équipement de voirie, un type de lieu ou une forme urbaine qui fait partie de l'écosystème de l'étalement urbain : une station-service, un parking de centre commercial, un péage, une bretelle d'accès à l'autoroute ou un rond-point[1]. » Ainsi, le rond-point que nous avons décrit se trouve à la sortie de la ville, dans une zone commerciale entre une usine reconnaissable de loin à sa haute cheminée, un concessionnaire automobile d'une marque haut de gamme, et à proximité immédiate d'une grande surface. Mais, lors du lundi 19 ou du

---

1. Jean-Laurent Cassely, « Les "gilets jaunes", ou la révolte de la France des ronds-points », *Slate*, 19 novembre 2018.

samedi 24 novembre 2018, le rond-point suivant, situé à environ 500 mètres, est également occupé, comme en attestent quelques Gilets jaunes que nous apercevons de loin et une épaisse colonne de fumée noire.

C'est un point essentiel qui a été peu relevé : le blocage de rond-point tire une partie de sa force du fait que d'autres ronds-points sont occupés, à proximité et plus largement à l'échelle nationale, ce qui les rend à la fois plus efficaces pour gêner l'économie et plus coûteux à expulser – en termes autant pratiques que politiques. Cette articulation réticulaire est décisive et caractérise cette forme de mobilisation qu'est le barrage, car on la retrouve dans tous les précédents évoqués plus haut.

**Figure 6. – La dimension initialement tactique
de l'occupation de rond-point : l'exemple de Bar-le-Duc[1]**

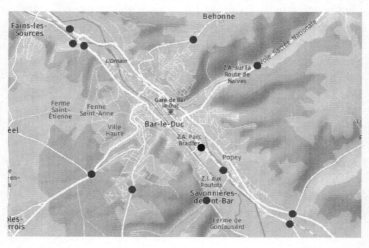

1. Source : carte issue de la presse quotidienne régionale.

Les Gilets jaunes, dont la plupart empruntent ce réseau routier quotidiennement, ont d'abord eu une visée tactique de blocage de l'activité économique, à la fois directement dans les zones commerciales à proximité, et donc indirectement sur les centres-villes. La carte des blocages d'une ville comme Bar-le-Duc (Figure 6) lors du 17 novembre est de ce point de vue exemplaire, mais on retrouve beaucoup d'autres exemples de blocages multiples à l'échelle d'une même aire urbaine[1]. C'est d'ailleurs cette logique qui prévalait en cas de faibles effectifs empêchant un « filtrage » de toutes les entrées d'un rond-point, en privilégiant par exemple la voie reliant la ville à l'autoroute. Ici encore, le contraste avec les nuit-deboutistes, qui se réunissaient dans les centres-villes et en face des mairies, est frappant. Plusieurs villes du département enquêté connurent ainsi des blocages le 17 novembre, en dépit de leur petite taille, et cela était encore le cas lors du lundi 19 novembre et dans une moindre mesure les jours suivants jusqu'au samedi 24. Ce jour-là, quand l'enquêteur arrive sur place, ce ne sont pas moins de trois ronds-points qui sont bloqués dans une même zone en périphérie de la ville, et cinq ronds-points en tout à l'échelle de l'agglomération. Cette dimension de proximité réticulaire caractérisait le 17 novembre et dans une certaine mesure la première semaine, lorsque les blocages étaient particulièrement nombreux, auto-organisés et non coordonnés *a priori*, à l'échelle de ce

---

1. « À Commercy, six points de blocage sont organisés et trois ronds-points sont occupés », signale Pascale Fautrier, dans *La Vie en jaune*, Vauvert, Au diable vauvert, 2019, p. 18.

département mais aussi de la France entière. D'ailleurs, des camionneurs, dont nous avons vu qu'ils étaient eux-mêmes très engagés dans la mobilisation, viennent sans arrêt livrer ces zones commerciales et font office de courtiers du politique en colportant des témoignages de barrages croisés sur leurs trajets à l'échelle parfois nationale : « Pfff… Depuis ce matin, j'en ai vu à Niort, Parthenay, Poitiers, Châtellerault… » (camionneur de semi-remorque s'arrêtant pour faire sa pause de la mi-journée sur le barrage, mardi 20 novembre). Toutefois, cette répartition s'est ensuite rapidement étiolée, les ronds-points locaux se rassemblant les uns avec les autres, ce qui a réduit la portée effective des blocages. Cette réduction du nombre de points de rassemblement est liée à une stagnation, voire à une baisse progressive des effectifs observables à l'échelle nationale : en effet, l'ampleur de la participation à ce premier acte n'a jamais été réitérée si l'on en croit nos observations locales ainsi que les services de l'État (Figure 7). Même si les rassemblements se sont perpétués durant plusieurs mois, les ralliements ultérieurs se sont faits rares : la majorité (60 %) de ceux interrogés dans l'enquête nationale collective par questionnaire déclare s'être mobilisée dès le 17 novembre 2018 et va dans le même sens d'un renouvellement plutôt limité dans les mois suivants, même si ce pourcentage doit bien entendu être considéré avec prudence étant donné qu'il existe un possible biais de déclaration rétrospective. Mais ce resserrement croissant des effectifs sur quelques ronds-points tient aussi à leur aspect à la fois convivial et chaleureux, auquel nous allons maintenant nous intéresser : dans un milieu rural comme celui de l'enquête, beaucoup préfèrent se rendre sur un rond-point où « on est sûr de trouver du monde » – même si ce n'est pas le plus proche du domicile.

Figure 7. – Nombre de Gilets jaunes (en milliers) mobilisés en France du 17 novembre 2018 au 16 mars 2019[1]

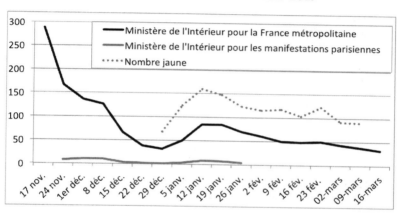

1. Sources : ministère de l'Intérieur et collectif Le Nombre jaune. Lecture : le 17 novembre 2018, le ministère de l'Intérieur dénombrait près de 300 000 Gilets jaunes mobilisés en France. Notes : le ministère de l'Intérieur a refusé de communiquer les chiffres de participation à l'échelle des préfectures. Le Nombre jaune est une page Facebook dont la première publication date du 26 décembre 2018 et qui comptabilise le nombre de Gilets jaunes à partir de déclarations volontaires, censées provenir de Gilets jaunes présents sur place.

JUBILATION :
REMETTRE EN CAUSE DES HIÉRARCHIES
ET GOÛTER À L'ARBITRAIRE DU POUVOIR

Forts de cette assise dans un domaine qu'ils maîtrisent et de l'exercice du droit de passage, les Gilets jaunes en profitent pour « en rabattre » aux dominants et se trouver dans une position d'exercice arbitraire du pouvoir, comme le montrent les scènes suivantes :

[20 novembre 2018]
Une grosse berline noire essaye de passer à l'impromptu à contresens et est immédiatement arrêtée. Le conducteur, manifestement un homme cadre âgé d'une cinquantaine d'années en chemise, explique qu'il est médecin et pressé. Mais il n'a pas de caducée sur le pare-brise, seulement une mallette à l'arrière et des documents d'une grande banque nationale au logo en forme d'écureuil. Le passage lui est refusé et on le contraint à patienter dans la file comme tout le monde en lui disant que « c'est pas beau de mentir », et sa tentative lui vaut par la suite des quolibets réitérés de nombreuses fois : « C'est un médecin, il a pas le caducée, mais il a la voiture » ; « C'est le vétérinaire de l'écureuil ! »
[21 novembre 2018]
Un couple d'automobilistes, à qui il est reproché d'avoir cherché à forcer le passage, répond qu'ils ont un bébé avec eux. Commentaire des présents : « Il a le bébé et donc il faudrait qu'il roule sur tout le monde. »
[22 novembre 2018]
Un autre automobiliste explique être pressé parce que sa femme attend à la maison pour des couches. Cette excuse n'est pas acceptée et il attend « comme tout le monde ».

L'occupation de rond-point peut donc être synonyme d'inversion momentanée de la hiérarchie sociale, voire de sa franche remise en cause, comme ce cadre bancaire en fit les frais[1]. Pour les automobilistes que sont les Gilets jaunes, cela se double de prises de liberté par rapport aux forces de l'ordre et aux règles de la circulation routière, telles que monter avec son véhicule sur le terre-plein central et s'y garer, danser sur la route, voire prendre une entrée de rond-point à contresens grâce aux autres Gilets jaunes organisant le passage. Tout cela est *de facto* visible sur les vidéos diffusées sur les réseaux sociaux, comme celle des pas cadencés d'un danseur de hip-hop au beau milieu d'un péage qui fut beaucoup visionnée sur le rond-point. C'est donc une source de plaisir pour beaucoup de présents, et d'autant plus appréciée que ces pratiques seraient impensables en temps normal sur la voie publique. Elles sont là encore facilitées par la connaissance partagée de la circulation routière, et témoignent de leur appropriation du lieu.

Cette ambiance pourrait paraître anodine, mais nous la décrivons car elle n'est pas sans effet pour les participants : loin du malheur militant prévalant dans d'autres organisations et mobilisations, elle marque un indice d'un certain plaisir d'être ensemble, de se sentir à l'aise dans ce type de mobilisation, en phase avec son déroulement. Sur le plan sociologique, il faut ici accorder une place au ressenti et à l'expérience

---

1. Benoît Coquard (*Ceux qui restent, op. cit.*, p. 42) rapporte une scène similaire, tout comme le photographe Raphaël Helle, « Entretien », *6Mois*, automne 2019, p. 140.

de la mobilisation, comme y invitent notamment des travaux de recherches en sociologie pragmatiste[1]. Il ne s'agit pas de nier les déterminants sociaux de l'engagement qui, nous l'avons vu, sont réels. Mais il est clair qu'ils gagnent à être complétés par une prise en compte des manières dont les personnes présentes peuvent « investir » une telle mobilisation et de leur ressenti, *a fortiori* dans un contexte où les clivages et débats politiques se posent de façon moins ouverte qu'auparavant. Les dispositifs et les modalités qui rendent accessible cette forme d'engagement, et les appréciations que cela occasionne, apparaissent ici primordiaux.

Toutefois, ces pratiques transgressives peuvent être sources de vives discussions, au sein des Gilets jaunes présents et parfois même avec les automobilistes ou avec les forces de l'ordre. Ainsi, brûler des pneus, consommer de l'alcool, ou lancer un feu à même le macadam, ne fait pas l'unanimité et suscite des formes de réflexivité collective. L'épaisse fumée noire générée par la combustion donne prise à la critique selon laquelle les Gilets jaunes seraient anti-écologistes, tandis que plusieurs présents qui travaillent aux services départementaux de l'entretien de la voirie pointent le coût de réparation de dégradations qu'ils désapprouvent (extrait d'observation *supra*). Ce sont donc là des sujets qui entraînent *de facto* des discussions et

---

1. Alexandra Bidet, Manuel Boutet, Frédérique Chave *et al.*, « Publicité, sollicitation, intervention. Pistes pour une étude pragmatiste de l'expérience citoyenne », *SociologieS*, 2015 ; Carole Gayet, Alexandra Bidet, Erwan Le Méner (dir.), « Le politique au coin de la rue », *Politix*, 2019, 125.

nécessitent de la coordination. Au bout de quelques jours, plus aucun pneu n'est brûlé en journée et le rond-point voisin, qui vient de s'installer, suscite de la désapprobation. Ce qui est ici en jeu, c'est aussi la question de la légitimité du mouvement.

ÉCHANGER AVEC LES AUTOMOBILISTES

Arrêter les automobilistes ne va de soi ni sur le plan matériel, nous l'avons vu, ni du point de vue de la légitimité et de l'image que les Gilets jaunes donnent d'eux-mêmes. Au fond, il s'agit de la régulation du droit de passage et de la liberté de circuler, qui sont associés à des droits régaliens historiques des États modernes. C'est en premier lieu vis-à-vis des automobilistes que cette légitimité doit être acquise :

Outre leur gestuelle, José et son frère Dominico amorcent un échange avec pratiquement chaque conducteur qu'ils arrêtent donc un court instant : « S'il vous plaît, cinq minutes de votre temps. » Le temps d'engager à chaque fois une mini-conversation ajustée : manifestation de déférence pour les plus âgés, propos flatteurs à l'égard de certaines conductrices, interactions avec d'éventuels enfants qui se trouvent à l'arrière de la voiture ou bien avec les deux membres d'un couple (le plus souvent l'homme conduit et sa femme est à ses côtés), ou évocation du chien qui s'agite à l'arrière. Les commentaires peuvent aussi être adaptés selon le physique de la personne : les frangins laissent délibérément passer « deux Chinoises », s'adressent à une Maghrébine en disant « ma cousine », saluent d'un « *salamalekoum* » une femme voilée en portant ensuite la main à leur torse. Les types de voitures sont aussi évoqués, notamment celles jugées les plus belles (c'est-à-dire les plus chics), qui sont admirées. Tous ces propos, accompagnés de petits signes de politesse et de connivence, sont ponctués de clins d'œil et de sourires entendus avec les automobilistes autant qu'avec les autres Gilets jaunes présents.

L'observation des véhicules s'apparente en fait à une sorte d'enquête pour les barragistes qui essayent de « typifier » chaque conducteur rencontré : à qui a-t-on affaire, comment se situe-t-il vis-à-vis des Gilets jaunes, et comment entamer un échange pour obtenir un ralliement ou en tout cas un soutien tacite ? Il s'agit d'un travail de politisation *in situ*, en pratique, par le bas dans la mesure où il se passe de toute référence à la politique la plus institutionnalisée (élections, partis politiques, etc.). En effet, rares sont les propos relevant de ce registre : personne ne s'aventure sur ce terrain parce que les orientations politiques des automobilistes ou des autres présents sont potentiellement divergentes. Dans ces conditions, cela ne viendrait tout simplement à l'idée de personne de rompre ce pacte tacite. Ce n'est arrivé qu'une fois au cours de la matinée, avec cette automobiliste disant qu'il « n'y avait qu'à pas voter Macron », à quoi Dominico répondit qu'étant portugais il n'a même pas le droit de vote.

Enfin, les thèmes et modes d'échanges avec les conducteurs renvoient implicitement au fait que Gilets jaunes et automobilistes de ces routes de province, bloqueurs et bloqués, partagent un même environnement local. Cela crée une certaine forme d'interconnaissance, ou du moins de connivence, qui est exploitée par exemple par José lorsqu'il fait jouer son expérience de la « ZUP » (anciennement Zone à urbaniser en priorité) municipale qui se situe à proximité du rond-point et où il a lui-même habité jusqu'en 2005.

Cette situation implique donc une vraie interaction, une co-construction de la situation par les barragistes autant que par les automobilistes : qu'en est-il du côté de ces derniers ?

DIFFÉRENTES FORMES DE SOUTIEN

Nous allons voir que leurs réactions témoignent en réalité du soutien majoritaire dont bénéficient les Gilets jaunes, traduction immédiate de celui reçu dans l'opinion publique et les sondages[1] :

> Les conducteurs coopérants ou compréhensifs ont mis un gilet jaune sur le tableau de bord, et sont récompensés par un don, typiquement une pâte de fruits ou des chouquettes. La parole qui revient le plus souvent est « Bon courage ! » L'approbation peut aussi se marquer, de différentes manières graduelles, par des sourires, faire ronfler le moteur et/ou klaxonner, laisser délibérément de l'espace avec la voiture précédente, s'arrêter spontanément, ouvrir sa vitre pour prendre des nouvelles de la

---

1. Les Décodeurs, « Oui, les "gilets jaunes" sont bien majoritairement "soutenus" dans les sondages », *Le Monde*, 3 décembre 2018 ; Emmanuel Todd, *Les Luttes de classes en France au XXIe siècle*, Paris, Seuil, 2020, p. 281 (données IFOP).

mobilisation et dispenser des encouragements, voire descendre de sa voiture pour décharger un don (de palettes ou de victuailles) qui se trouve dans le coffre. Au cours des derniers jours, plusieurs routiers se sont ainsi arrêtés pour « faire leur pause » sur le rond-point, laissant leur véhicule sur la chaussée et en profitant pour informer les présents d'autres blocages qu'ils ont rencontrés.

À l'inverse, quelques automobilistes fuient manifestement cette interaction, accélérant lors de leur passage à côté de ceux qui tiennent le barrage, voire proférant des insultes. Ce matin-là, aucun ne descendra du véhicule pour en découdre, comme cela a pu arriver de manière quantitativement marginale mais émotionnellement forte les jours précédents. À ceux-là est généralement ouvert le passage, afin d'éviter que cela dégénère. Peuvent également passer librement les voitures avec enfants en bas âge ou animaux domestiques, les Gilets jaunes qui repartent chez eux, ainsi que les urgences telles que malades, ambulances, pompiers et forces de l'ordre. Celles-ci n'interviennent pas ce jour-là, tout au plus un véhicule passera-t-il deux fois pour « voir si tout va bien » et suggérer de « ne pas trop allonger la file ». Les conducteurs qui calent déclenchent rires et railleries car montrant des signes de stress, notamment ceux qui ont donné un motif « bidon » pour passer le barrage. Parfois se manifeste une interconnaissance entre les Gilets jaunes et les automobilistes, liée au fait qu'il s'agit d'une ville moyenne (environ 40 000 habitants en 2015 selon le recensement, 90 000 pour l'aire urbaine), mais cela reste rare.

Enfin, pour chaque entrée du rond-point se pose la question de la gestion de la longueur de file d'attente tolérable. Ce seuil varie selon plusieurs paramètres et peut être sujet de débats, voire de tensions, entre les présents : la proximité d'un embranchement d'autoroute que les forces de l'ordre fixent comme une limite à ne pas dépasser pour que son trafic reste fluide, l'heure de la journée (en fin de journée, il est mal vu de retenir trop longtemps les « travailleurs qui rentrent chez eux »), mais aussi le nombre de Gilets jaunes présents – la légitimité du blocage est indexée sur ce dernier, un équilibre doit s'établir. Ce matin-là, alors que la file s'étire pratiquement jusqu'à l'autre rond-point bloqué, rendant cette zone commerciale quasi impraticable, deux policiers en voiture passeront en demandant de ne pas trop rallonger la file. Ils demeurent là un bon quart d'heure, mais leur demande reste sans effet, en raison des échanges répétés avec les automobilistes décrits plus haut, qui ralentissent beaucoup la circulation.

Cette description montre que la dimension technique de « tenir le rond-point » relève aussi de l'épreuve de légitimité, en lien avec ce droit primordial qu'est la liberté de circulation. L'État cède *de facto* son pouvoir aux Gilets jaunes, puisque la police n'intervient pas, pendant plusieurs jours : en ce sens, les ronds-points constituent une sorte de *check point*, et les Gilets jaunes remplacent l'agent de circulation. Le fait que toute la France soit occupée est à nouveau décisif ici, puisque cette portée nationale de la mobilisation sous-tend l'interaction et la connivence qui peuvent s'établir avec les automobilistes pour produire une entente en actes alors que ces derniers sont pourtant freinés dans leurs déplacements. Les gilets jaunes disposés sur les pare-brise de nombreux véhicules peuvent en partie s'interpréter comme une sorte de sauf-conduit, d'étendard, ou de macaron visant à faciliter le passage : selon un comptage réalisé à Dieppe en décembre et portant sur près de quatre mille véhicules, Jean-Yves Dormagen et Geoffrey Pion rapportent que près de 40 % des véhicules arboraient un gilet jaune[1]. L'obéissance des automobilistes et leurs dons complètent cette expérience politique *in situ*.

FORME PAROXYSTIQUE DE LA SOLIDARITÉ : LE DON

Comme beaucoup d'automobilistes vont justement faire leurs courses en ce samedi matin à la grande surface voisine, José leur enjoint de faire un achat supplémentaire pour le donner aux Gilets jaunes. Ce faisant, il renvoie en partie à un autre dispositif de collecte connu, en l'occurrence celui du don caritatif. Une association de ce type viendra d'ailleurs déposer des aliments sur le rond-point :

> Après plusieurs déchargements de camionnettes remplies de palettes arrive un camion d'association caritative qui se gare un peu sur le côté. Les deux hommes qui en descendent ouvrent les portes arrière, et ont cette discussion :
> L'un : « On ne peut pas vous donner de la viande parce qu'on ne sait pas, il y a toujours un risque... »
> L'autre : « On fait ça avant de les rapporter au chef, parce que sinon... »
> Le premier : « Bah, tu sais moi je peux lui dire au chef, il y a pas de problème, je lui dirai au chef. »

L'échange entre les deux bénévoles renvoie à nouveau à la question de l'ordre social et plus précisément

---

1. J.-Y. Dormagen et G. Pion, « Le mouvement des "gilets jaunes" n'est pas un rassemblement aux revendications hétéroclites », art. cit..

à celle des marges de manœuvre dont les exécutants disposent ou non vis-à-vis de leur hiérarchie : dans quelle mesure peuvent-ils donner aux Gilets jaunes des denrées qui ne leur sont pas *a priori* destinées ? Au cours des jours précédents, nous avons assisté à plusieurs scènes de ce type, comme dans les cas de cet employé de déménagement venu débarquer des palettes à proximité du rond-point pour ne pas s'y faire voir pendant ses horaires de travail, cet employé d'entrepôt qui interpelle les Gilets jaunes à leur passage pour leur proposer de venir en récupérer, ou encore la visite à un garage de pneumatiques automobiles dont le contremaître refusera finalement que soient emportés des pneus usagés. À chaque fois, c'est la question des marges d'autonomie dont bénéficient les employés vis-à-vis des « chefs » qui est en jeu, de la possibilité de pratiquer une sorte de « perruque[1] » en faveur des Gilets jaunes, de suivre ce qui s'apparente à une solidarité de classe pour soutenir le mouvement.

Cet extrait identifie donc un registre supplémentaire mis en œuvre dans l'occupation du rond-point, celui de la collecte puis de la redistribution solidaire : celle-ci fonctionne parce qu'elle fait là encore écho à un registre connu à la fois des Gilets jaunes et des automobilistes, celui des campagnes de collecte des Restos du cœur ou d'autres associations de solidarité devant les supermarchés. Elle fait ainsi système avec la composition sociologique des présents et leurs tensions budgétaires (voir

---

1. Historiquement, la « perruque » est une pratique ouvrière qui consiste à utiliser les outils ou matériaux de l'entreprise pour des travaux personnels.

la seconde partie de cet ouvrage). Les dons monétaires, plus rares, suscitent de l'embarras, et sont gérés par les « initiateurs » que nous aborderons plus loin. Si cette mobilisation était peu cadrée du point de vue des partis ou des clivages politiques traditionnels (droite/gauche), la manière dont elle s'est mise en place, en revanche, était très cadrée par des *habitus* et un mode de vie qu'il convient de décrire plus précisément.

UNE PROXIMITÉ DE CONDITION SOCIALE : LA PRÉCARITÉ

La thématique des conditions de vie occupait bien entendu une place centrale dans le mouvement des Gilets jaunes. La plupart des présents partagent différentes formes de précarité, comme en témoigne, par exemple, la nette sous-représentation de cadres et de professions intermédiaires (Figure 12, p. 132).

L'enquête collective nationale par questionnaire était très orientée sur les expériences et opinions politiques des participants aux dépens de leurs conditions de vie qui sont restées sous-documentées, mais elle fournit néanmoins des ordres de grandeur. Le revenu disponible médian mensuel est ainsi estimé autour de 2 000 euros (contre 2 519 euros pour la France métropolitaine, selon le dispositif SRCV de l'INSEE de 2016) et le taux de chômage, autour de 17 % (contre environ 9 %). Celui-ci atteint même 23 % sur notre terrain d'enquête, soit beaucoup plus que le taux national et ici départemental de 10 % (source : INSEE), et ce d'autant plus que ces situations ont pu faire l'objet d'une sous-déclaration des répondants en raison de la stigmatisation qui pèse sur le statut de chômeur. La dimension métaphorique du gilet jaune comme « gilet de sauvetage » dans une situation de détresse en bord de route prendrait ici tout son sens, désignant les laissés-pour-compte du marché du travail, telle une sorte d'uniforme gommant d'autres marqueurs sociaux. De même, parmi les questionnaires que nous avons fait passer (N = 80), les deux tiers déclarent « avoir du mal à finir le mois », soit comme attendu une incidence de cette difficulté de conditions de vie bien supérieure à celle de l'ensemble de la population française pour laquelle ce taux est de l'ordre de 40 %[1]. Toutefois, il faut noter que la faiblesse de ces niveaux de vie n'est pas extrême et, malgré la présence parfois très visible de quelques personnes manifestement sans domicile fixe, elle ne reflète pas une présence massive des franges les plus pauvres de la société française, sinon les Gilets jaunes auraient été beaucoup plus nombreux[2]. Ce doute au moment

---

1. Nous reprenions cette question à l'enquête d'EUROSTAT sur les conditions de vie (EU-SILC, SRCV en France). La formulation de cet indicateur des conditions de vie couramment utilisé est sans doute discutable, mais celui-ci offre un point de comparaison.

2. Voir Laurent Jeanpierre, *In Girum*, La Découverte, 2019, p. 6 ; Pierre Bréchon, « Le mouvement des « gilets jaunes » ou le retour des valeurs matérialistes ? », *Revue politique et parlementaire*, 2019, qui ont déjà relevé la relative faiblesse des effectifs mobilisés dans les Gilets jaunes par rapport à d'autres événements historiques (Mai 68, le mouvement de décembre 1995, ou même les manifestations du printemps 2016 contre la loi travail).

d'associer pauvreté et Gilets jaunes a été exprimé par beaucoup de commentateurs.

Plus généralement, beaucoup de Gilets jaunes semblaient aussi être ou avoir été affectés par des « accidents » ou des « parcours de vie » entraînant des difficultés économiques. De manière originale, une enquête du CREDOC (sondage national) identifiant les personnes se disant Gilets jaunes relève ainsi que 27 % d'entre elles déclarent avoir été « confrontées au décès d'un membre de leur famille au cours des douze derniers mois (contre 18 % en moyenne) », et que « 17 % se sont séparé[e]s de leur conjoint-e au cours des douze derniers mois (contre 6 % en moyenne) »[1]. La participation aux Gilets jaunes mêle donc des effets de cycles de vie et de trajectoires familiales et professionnelles.

Parmi ces formes de précarité, nous avons aussi constaté la présence de personnes en situation de handicap et d'accidentés du travail. En recodant manuellement les énoncés de situation professionnelle dans les données collectives nationales[2], il apparaît qu'au moins 5 % des personnes enquêtées déclarent une forme de handicap ou d'arrêt de travail lié à un

---

1. Sandra Hoibian, « Les gilets jaunes, un précipité des valeurs de notre société » art. cit.
2. Le questionnaire ne comportait aucune question spécifique à ce sujet, mais nous avons pu repérer cette caractéristique à partir des verbatim de situation professionnelle, comme par exemple : « Maçon aujourd'hui travailleur handicapé pour accident de travail, ça devient de plus en plus compliqué de trouver en tant que handicapé » ; « Maladie longue durée (avant commerçante, secrétaire) » ; « Ex-soudeur, en invalidité après un accident du travail » (20 sur 392 Gilets jaunes de ronds-points).

accident ou à une maladie, ce qui est inhabituel par rapport à d'autres types de mobilisations, comme les manifestations qui impliquent de se déplacer. Cette présence est sans doute due à la précarité de leurs conditions de vie et aux mobilisations en cours à ce sujet pour revendiquer une extension de droits sociaux et une amélioration des conditions de vie. Le long témoignage de Natacha, mère de famille physiquement handicapée, est particulièrement poignant dans le film *J'veux du soleil* de François Ruffin et Gilles Perret (2019) : « Je cherche dans les poubelles car je n'ai pas le choix », clame-t-elle dans cette scène insoutenable. Mais sur notre terrain cela était aussi lié, de manière pragmatique, à la proximité d'un établissement et service d'aide par le travail (ESAT) qui jouxtait le rond-point. Cet « effet de voisinage[1] » se retrouve également pour les vendeuses des grandes surfaces environnantes ou pour les ouvriers des usines et entrepôts en bordure de la ville : beaucoup fréquentent quotidiennement ces zones à la fois commerciales, artisanales et industrielles afin de se rendre au travail – autre indice d'une familiarité avec les lieux investis par la mobilisation, qu'il faut maintenant compléter en étudiant la manière dont les ronds-points permettent des engagements différenciés selon le temps de présence.

---

1. Cette congruence entre lieux de mobilisation et de travail avait déjà été relevée par Georges Rudé établissant la sociographie de la prise de la Bastille (*La Foule dans la Révolution française*, *op. cit.*), ou par Maurizio Gribaudi au sujet des révolutions de 1830 et 1848 (Maurizio Gribaudi, *Paris ville ouvrière*, Paris, La Découverte, 2014).

EFFETS DE VOISINAGE
ET DES RYTHMES SOCIAUX

Ce samedi matin-là (24 novembre 2018), il était beaucoup question de vivres pour le déjeuner :

Ainsi des couples de retraités livrent pain et fromage (en particulier camembert français), comme pour s'excuser de ne pas être assez en forme pour rester sur le rond-point. Un livreur qui est déjà passé deux fois en camion s'arrête un court instant pour décharger une palette, puis repasse en voiture pour donner une cagette de clémentines. Un homme d'une soixantaine d'années en Porsche s'arrête sur le côté et livre énormément d'aliments qui se trouvent sur le fauteuil passager à côté de lui et que plusieurs Gilets jaunes l'aident à transporter : pain, fromage, saucisson, riz au lait, et même un poulet rôti. Il est applaudi par tous les présents. Un syndicaliste, environ 45 ans, regrette de ne pouvoir rester ce jour et donne 10 euros.

Étant en observation participante, nous n'avons pas pu relever de manière exhaustive ces dons au cours de la matinée. Il s'agit à la fois d'une sorte de dîme pour pallier une forme de culpabilité de ne pouvoir en être, et d'une participation peu coûteuse en temps : les retraités ne peuvent plus pour des raisons physiques, le syndicaliste est solidaire mais ne vient pas directement sur le rond-point, le retraité fortuné s'offre un petit moment de gloire auprès des prolétaires. S'arrêter pour donner, c'est aussi se payer le petit plaisir de se faire acclamer et remercier par les présents, comme une sorte d'obole au même titre que le gilet jaune posé sur le pare-brise dont il est attendu qu'il serve de faire-valoir. La justification de don n'est pas non plus anodine : à chaque fois, ils donnent parce qu'ils ne restent pas sur le rond-point, suivant une forme de division du travail de mobilisation. Celle-ci croise le cours normal de la vie sociale, au travers des rythmes sociaux : en ce samedi matin, dans cette zone commerciale, beaucoup d'automobilistes vont faire leurs courses.

Ce raisonnement amène à réfléchir sur l'écart qui peut exister entre les donateurs et ceux qui passent effectivement du temps sur le rond-point. En effet, ce sont surtout ceux-ci que nous avons eu l'occasion d'enquêter, puisque les premiers ne faisaient que passer brièvement. C'est notamment en gardant à l'esprit ce biais d'enquête qu'il faut considérer les estimations de présence effective pour certaines catégories de population, telles que les travailleurs indépendants. Alors qu'on pourrait les penser très présents, notamment des artisans hostiles à la fiscalité, ceux-ci ne comptent que pour 7 % des personnes rencontrées sur le rond-point (Figure 12). Il s'agit surtout de petits entrepreneurs, et non de professions libérales qui elles sont complètement absentes. Certes, ils ne représentent d'après le recensement de la population française (INSEE, 2017) que 4 % de l'ensemble de la population française en général (tous âges confondus), mais leur surreprésentation apparaît bien modeste, en tout cas en décalage par rapport à l'image « poujadiste » parfois accolée aux Gilets jaunes du fait de leur opposition à une taxe supplémentaire. Cela s'explique par le fait que beaucoup d'artisans s'arrêtaient brièvement pour déposer du matériel (des palettes, du bois, des pneus, voire des outils ou d'autres matériaux), en particulier sur le trajet matinal pour se rendre sur leurs chantiers ou au retour, en fin d'après-midi.

Le même type d'argument s'applique aux femmes, qui comptent pour un tiers de notre échantillon, et étaient donc bien présentes dans la mobilisation, certaines occupant un rôle prépondérant dans l'organisation du rond-point (voir *infra*). Mais là encore cette présence est sous-estimée, car beaucoup d'autres, s'arrêtant un instant pour faire un don alimentaire, racontaient leurs difficultés pour venir sur le rond-point tout en continuant d'assurer à la fois leurs heures de travail et des tâches domestiques – parmi lesquelles nous avons pu relever la garde d'enfants et/ou d'un parent dépendant, l'alimentation d'animaux domestiques (chiens, basse-cour), les courses et la préparation des repas, soit autant de tâches dont les enquêtes emploi du temps de l'INSEE montrent qu'elles sont plus dévolues aux femmes qu'aux hommes. Autrement dit, l'occupation de rond-point est une forme de mobilisation qui présente l'avantage de s'ajuster aux contraintes d'emploi du temps, ce qui donne lieu à une sorte de roulement improvisé. Elle permet différents modes de participation selon les disponibilités, et s'avère de ce point de vue beaucoup moins coûteuse qu'un mode d'action tel que les grèves auxquelles appellent plus volontiers les syndicats.

De manière symétrique, cela peut convenir aux retraités en ayant encore les capacités physiques, âgés d'une soixantaine d'années, et en particulier aux plus modestes d'entre eux. Leur forte présence, puisqu'ils comptent pour environ 20 % des Gilets jaunes que nous avons rencontrés, est particulièrement frappante en matinée, renvoyant pour partie à leur temps libre à ce moment-là de la journée, et bien entendu à différents mots d'ordre liés à la désindexation des retraites par rapport à l'inflation, à leur plus forte taxation avec la hausse de la contribution sociale généralisée (CSG), et aux coûts de prise en charge de la dépendance dans les EHPAD : la diffusion de ces trois enjeux est manifeste dans les « cahiers citoyens » dont les retraités ont été les principaux contributeurs[1]. Le montant peu élevé du minimum vieillesse (maximum 838 euros mensuels pour une personne seule), en particulier pour les femmes qui n'ont eu que des carrières partielles (temps partiel, éducation des enfants, etc.) ou pour ceux qui ne sont pas propriétaires de leur logement, rend difficile cette prise en charge, ainsi que la constitution d'une épargne en cas de coup dur (pour soi-même ou pour d'éventuels enfants et petits-enfants), tandis que les possibilités d'emprunt s'amenuisent au fur et à mesure du vieillissement. Ces revendications avaient d'ailleurs fait l'objet de manifestations tout au long de l'année 2018 (mardi 30 janvier, jeudi 15 mars, jeudi 18 octobre) soutenues à l'échelle nationale de manière intersyndicale

---

1. Ceux-ci ont été ouverts par les mairies de décembre 2018 à février 2019 pour recueillir, dès avant le « grand débat national » lancé à partir de janvier par le président de la République, les « doléances » des citoyens. Ils ont ensuite été envoyés par les mairies aux archives départementales, où nous avons donc pu les consulter.

qui furent assez suivies dans ce département à la population âgée et relayées dans le quotidien régional anonymisé :

> L'édition du vendredi 16 mars 2018 titre ainsi « EHPAD et retraités ne désarment pas » sur une photo où apparaissent de nombreuses manifestantes vêtues de chasubles syndicales rouges et oranges. L'article en première page rapporte l'expérience de ce manifestant : « Christian n'est pas un habitué des cortèges cégétistes. Hier, il a fait une exception. "J'ai 71 ans, pas de famille et pas d'enfants. Autant dire que pour moi, l'hébergement en EHPAD n'est qu'une question de temps. À un moment donné, il faudra bien y aller. Que mon pouvoir d'achat diminue, je ne suis pas foncièrement contre. À la seule et unique condition que cela serve vraiment aux EHPAD." »

Nous reviendrons plus loin sur ce mouvement des employées d'EHPAD qui fait partie des mobilisations connexes aux Gilets jaunes, et plus largement sur cet enjeu de la prise en charge des risques sociaux dans la seconde partie de cet ouvrage.

Le même type de raisonnement de disponibilité temporelle vaut pour les quelques lycéens qui se rendent sur le rond-point les mercredis après-midi quand ils n'ont pas cours, ou bien pour les employés des grandes surfaces environnantes qui arrivent au moment de leur pause déjeuner. La mobilisation sur le rond-point semble donc directement en prise avec le territoire qui l'entoure (Figure 8) et revêt une forte puissance d'intégration.

Figure 8. – Carte des lieux de rassemblement et lieux de résidence des Gilets jaunes[1]

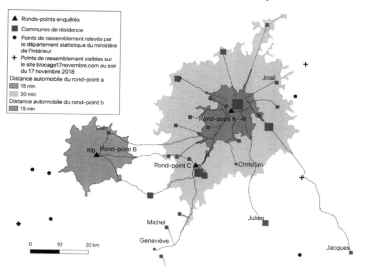

1. Source : enquête de terrain, N = 89 individus répartis dans 31 communes de résidence (carrés dont la taille est proportionnelle au nombre d'enquêtés y résidant). La base de données du ministère de l'Intérieur a été obtenue auprès de son service statistique. Elle recense 7 181 événements associés aux Gilets jaunes de novembre 2018 à mars 2019 qui ont eu lieu dans 2 624 localités, sans que les critères de relevé soient clairs. La base des points de rassemblements du 17 novembre correspond à la carte interactive du site blocage17novembre.com (actuellement inaccessible) au soir du premier acte (N = 788 points). Ces deux sources de données permettent un maillage assez fin du territoire, comme le signalent les ronds-points alentour. Le rond-point A au centre de la carte était le plus actif à l'échelle du département (présence quotidienne, effectifs) et a été enquêté de manière plus approfondie. Les isochrones en grisé sont calculés grâce au logiciel QGIS à partir du plug-in ORS Tools qui permet d'estimer des temps de parcours automobile, et les trajets avec My Maps. Les points cardinaux n'ont pas été indiqués délibérément afin de préserver l'anonymat.

Ces données, malgré leurs faibles effectifs, permettent de proposer des éclairages sur les logiques de participation aux rassemblements. Elles corroborent en premier lieu une certaine logique de proximité, puisqu'il est visuellement manifeste que la grande majorité des Gilets jaunes du rond-point enquêté habite dans les communes périurbaines[1] aux alentours, situées à moins de trente minutes en voiture du point de rassemblement. Cette distance peut paraître importante, mais elle est habituelle pour les personnes concernées, qui font couramment les trajets vers la ville « à portée de voiture » constituant le pôle d'attractivité locale en termes de commerces, de démarches administratives, et surtout d'emploi. Il en résulte une familiarité avec ce qu'on pourrait appeler le tissu socio-productif local qui apparaissait de manière très frappante dans les discussions : tout le monde a un cousin qui travaille dans telle firme, un ami d'enfance dans telle autre, ou encore un ancien collègue dans tel atelier de mécanique. Les entreprises locales semblent donc connues en termes d'ambiance, de pénibilité, de collectif de travail, mais ne font pas systématiquement l'objet de commentaires négatifs : au contraire, il existe un certain attachement aux entreprises dont les propos suggèrent qu'elles sont aussi « un peu à nous ».

Sur la Figure 8, les trajets automobiles des participants pour se rendre sur le rond-point A, calculés à partir de Google Maps, attestent de cette polarisation des activités autour de cette commune. On mesure ici

---

1. L'INSEE définit comme communes périurbaines celles dont au moins 40 % de la population active travaille hors de la commune.

à quel point la voiture est devenue centrale en rendant proches des choses qui ne l'étaient pas dans le passé, et en modifiant donc la représentation des distances. C'est ce qui explique que Christian (Figure 8), un ouvrier d'une cinquantaine d'années, se rende non pas sur le rond-point C, pourtant le plus proche de chez lui, mais plutôt sur le rond-point A, juste à côté duquel se trouve son usine où il va faire son quart de nuit après avoir passé sa journée à réguler le trafic sur le rond-point. Comme lui, d'autres s'y rendent parce qu'ils travaillent à proximité. Ils y passent brièvement à leur embauche (peu avant 8 heures) ou plus longuement « à la débauche » (entre 16 h 30 et 17 heures), d'où un pic d'activité sur les ronds-points à ces heures de la journée.

C'est la voiture qui a permis ce type d'organisation socio-spatiale[1] du territoire, recouvrant en fait des logiques assez diverses[2] : volonté de quitter la ville pour avoir un habitat plus grand et un peu de terrain, obligation de partir pour bénéficier d'impôts locaux moins élevés (taxe foncière, taxe d'habitation), logique de concentration accrue de l'emploi dans les principales villes du département aux dépens des communes alentour. C'est d'ailleurs de l'une d'entre elles que provient José (Figure 8), sur la trajectoire immobilière duquel nous reviendrons dans la seconde partie de cet ouvrage.

---

1. Philippe Genestier, « Les "gilets jaunes" : une question d'autonomie autant que d'automobile », *Le Débat*, 2019, n° 204, p. 16-34 ; Hervé Le Bras (2019), « La voiture, les "gilets jaunes" et le Rassemblement national », *Études*, 2019/4, p. 31-44.

2. François Cusin, Hugo Lefebvre, Thomas Sigaud, « La question périurbaine », *Revue française de sociologie*, 2016, vol. 57, p. 641-679.

Il est frappant à cet égard que le rond-point A se situe en bordure de cette ville, dans une zone frontière avec le périurbain des alentours. En outre, les habitants de ce qui apparaît comme une ville-centre à l'échelle locale sont sous-représentés au sein des Gilets jaunes, ce qui indique bien que ce n'était pas elle le principal vivier de recrutement : ils ne comptent que pour un quart des présents, alors que de manière proportionnelle cette population rapportée à celles des petites communes voisines devrait peser pour environ 50 % du total. Enfin, il faut noter quelques autres cas plus rares de personnes habitant à plus d'une demi-heure et qui pourraient se rendre sur un autre « point de rassemblement » plus proche de chez eux, comme Julien ou Jacques (Figure 8, quart sud-est). Le premier est un jeune (23 ans) employé de déchetterie municipale qui habite encore chez ses parents et qui vient sur ce rond-point pour « être sûr de trouver du monde », à la différence de celui plus proche de chez lui qui n'est occupé que par intermittence et de manière difficilement prévisible. Geneviève, une aide-soignante de 60 ans, et Michel, un ouvrier retraité soixante-huitard, suivent la même logique de minimisation du risque de ne trouver personne sur le rond-point le plus proche de chez eux (rond-point C), et vont donc plus loin en covoiturant. Jacques (Figure 8) quant à lui est un ouvrier qualifié de l'industrie de 50 ans qui a « posé deux semaines de congés » pour se consacrer quotidiennement aux Gilets jaunes (il est sur le rond-point du matin au soir), mais il préférait aller plus loin de chez lui pour éviter de se faire voir localement sur le rond-point proche de chez lui. On voit bien comment les Gilets jaunes se sont confrontés à ce qui pourrait apparaître vu de l'extérieur comme du commérage local, mais qui du point de vue des intéressés peut contrarier leur engagement[1], du fait d'enjeux réputationnels très forts. Ces cas, certes moins nombreux, sont pourtant loin d'être négligeables dans la mesure où ce sont des personnes qui passent beaucoup de temps sur le rond-point les jours où elles y viennent, et qui cherchent alors à s'y investir.

Quant aux Gilets jaunes venant de loin sur ce rond-point A, il faut relever les cas de Dan et Rib, qui sont aussi venus ensemble et dont nous avons pu observer quelques jours auparavant qu'ils se trouvaient très impliqués sur le rond-point B, beaucoup plus proche de leurs domiciles respectifs. Âgés d'une vingtaine d'années, actuellement au chômage (le premier travaillait « avant » à Intermarché comme garçon boucher), l'un avec une jambe dans le plâtre et l'autre en treillis de chasse, ce sont en réalité des émissaires du rond-point B qui essaient de « voir un peu comment ça se passe ailleurs », comme ils l'expliquent à d'autres jeunes présents qu'ils ont connus au CFA (centre de formation d'apprentis). Par conséquent, si les ronds-points mobilisent surtout à proximité, il existe aussi quelques variantes liées à des logiques de lieu de travail, de covoiturage, ou de prises de contact qui seront utiles au moment de coorganiser à partir de janvier 2019 des manifestations départementales tournantes d'une commune à l'autre.

---

1. B. Coquard, *Ceux qui restent*, op. cit. ; Norbert Elias, « Remarques sur le commérage », *Actes de la recherche en sciences sociales*, 1985, 60, p. 23-29.

INVESTIR UN LIEU
POURTANT PEU HOSPITALIER

Les participants partagent des références communes qui recoupent différents registres :

Sur le bord d'une des entrées se trouve la camionnette de chantier de laquelle un constructeur de piscines à son compte a déchargé une sono et ses enceintes. Celles-ci, alimentées par un groupe électrogène et protégées par un barnum blanc, diffuseront toute la journée de la musique festive. Plusieurs personnes passeront voir son propriétaire pour lui dire de diffuser tel ou tel morceau, essentiellement des tubes contemporains entraînants, parmi lesquels plusieurs de Johnny Hallyday.
Sur le terre-plein central, qui ne date que de quelques années[1] et ne dispose d'aucune sculpture ni d'autre aménagement qu'un gazon clairsemé, trois cabanes ont été construites à l'aide de palettes, contenant soit des matelas et des canapés, soit des vivres (viennoiseries, chips, jus, saucissons) stockés sur des étagères. Elles

---

1. Pour une histoire des ronds-points en France, voir : Éric Alonzo, *Du rond-point au giratoire*, Marseille, Parenthèses, 2005 ; Mélody Houk, Valérie Lasserre, Nicolas Sultan, « L'incontournable avancée des carrefours giratoires : analyse de prise de décision publique », *Politiques et management public*, 1996, 14-3, p. 111-131 ; Pierre Goetschel, Film documentaire *Rond-point*, 2010, 59 minutes ; Mathieu Flonneau, « Comment fut inventé le sens giratoire », 26 août 2009 (https://reporterre.net/Comment-fut-invente-le-sens-giratoire). De manière intéressante, Eyal Weizman (*The Roundabout Revolutions*, Cambridge, MIT Press, 2015) fait du rond-point une pierre angulaire des révolutions contemporaines, mais cela conduit à mettre sur un même plan des situations en réalité assez diverses.

entourent un grand feu situé exactement au centre du rond-point.

La diffusion de musique, principalement des tubes dont beaucoup sont aussi écoutés quotidiennement, notamment en voiture, ainsi que l'installation éphémère que cela nécessite (barnum, groupe électrogène), relève d'un registre familier pour les présents, celui de la « culture de mariage » ou de kermesse. D'ailleurs, un peu plus loin, en amont de cette entrée, un ancien pompier professionnel est accoudé sur une barrière en fer qu'il déplace de quelques mètres au gré du blocage, comme s'il gérait un périmètre de sécurité ou un parking de fête villageoise et qu'il l'avait fait toute sa vie. De même, il est toujours possible de se rapprocher du feu au centre du rond-point pour se réchauffer et avoir l'occasion de discuter avec les autres présents.

Ceux-ci partagent en effet un faisceau de références qui se rattachent au supportérisme sportif et à ce que l'on a coutume d'appeler la « culture populaire[1] ». C'est notamment le cas de ce refrain très répandu : à la question « Gilets jaunes, quel est votre métier ? » entonnée dans un mégaphone, les autres répliquent en chœur « Aouh ! Aouh ! Aouh ! », reprenant ainsi à la fois le chant des supporters de football lyonnais et une scène du film *300* où ce slogan est crié par les Spartiates. La culture footballistique, et plus largement des sports collectifs, est tangible au travers

---

1. Jean-Laurent Cassely, Jérôme Fourquet, « La "playlist" des gilets jaunes : l'univers fragmenté de la France populaire », *Note de la Fondation Jean-Jaurès*, 26 février 2019.

de l'habillement (écharpes de supporter, survêtements, chaussures Nike de foot de salle) et certaines discussions. Il faut aussi rappeler que, lors du premier samedi de mobilisation, les matchs de foot et de quelques autres sports (basket, rugby) avaient été annulés, sans qu'on sache néanmoins si c'était en solidarité avec les Gilets jaunes ou sur ordre des autorités. Enfin, cette culture commune comprend aussi des humoristes, Coluche en tête, mais aussi des personnages populaires tels que Gizmo ou les Inconnus, et des séries ou des présentateurs de télévision qui sont d'ailleurs nombreux à avoir exprimé leur soutien aux Gilets jaunes[1]. Toutes ces références se retrouvent dans des reprises de chansons ou des sketchs postés sur les groupes Facebook, ou bien encore sont inscrites au dos des gilets.

Il faut également noter que beaucoup de ces références sont françaises (même si la culture américaine n'en est évidemment pas absente), ce qui fait écho aux dons alimentaires reçus faisant une large part aux produits français (typiquement le camembert, les baguettes de pain, des saucissons étiquetés bleu, blanc et rouge, etc.), mais aussi aux quelques drapeaux tricolores visibles sur les ronds-points, et à des commentaires au sujet de marques de voitures (Renault). C'est dire que l'ambiance a *de facto* une tonalité patriotique, même si cela n'a pas directement d'expression politique partisane.

---

1. Gérald Dahan, Franck Dubosc, Antony Joubert, Cyril Hanouna, Brigitte Bardot, Kaaris, Michel Polnareff, Pierre Perret, Patrick Sébastien, Arnaud Ducret, Anny Duperey, Michaël Youn, Philippe Lellouche, Jean-Michel Jarre ou Line Renaud.

Tout cela indique la manière dont ce rassemblement public s'inscrit dans un esprit qui se veut festif, bon enfant ou en tout cas convivial. Mais cela tient aussi à des activités dans lesquelles les présents peuvent s'employer : ce faisant, ils habitent *de facto* ce lieu pourtant inhospitalier que constituent ces ronds-points récemment installés en bordure des villes et que les pouvoirs locaux n'ont même pas eu le temps ou la volonté d'orner. Il faut ainsi compter avec les compétences des présents dans la gestion du bois, par exemple au moment de découper à la tronçonneuse une palette ou de décharger efficacement la remorque d'un sympathisant s'arrêtant pour déposer une livraison. Beaucoup de présents passent plusieurs week-ends par an à « faire leur bois » de chauffage, indice d'une économie invisible sur laquelle nous reviendrons dans la seconde partie de cet ouvrage et pour laquelle ils disposent du matériel adéquat : tronçonneuse, hache, remorque et voiture équipée. Une variante plus élaborée est le savoir-faire consistant à édifier en seulement quelques jours des cabanes, façon symbolique de montrer que la mobilisation a l'intention de « tenir bon », est capable d'en construire, puis de les améliorer en les aménageant au mieux. De ce point de vue, les ouvriers maçons, couvreurs, électriciens, même retraités, sont particulièrement précieux. Du reste, cet enjeu fait écho à d'autres luttes d'occupation, telles que la ZAD de Notre-Dame-des-Landes où l'opération policière « César » de 2012 fut précisément enrayée par cette capacité de construction très efficace. Tout cela relève de ce que l'on pourrait appeler une « culture manuelle de la construction ».

Figure 9. – Savoir construire et aménager sa cabane[1]

UNE AMBIANCE CONVIVIALE

C'est dans ces conditions qu'émerge une certaine convivialité :

> À midi, l'accumulation des dons permet un réel déjeuner pique-nique entre les participants, rejoints au cours de la matinée par différentes personnes : deux infirmières de l'hôpital de la ville ; un homme imposant licencié par l'armée, la vingtaine, en treillis militaire, avec sa femme

1. Source : auteur, 26 novembre 2018.

aide-soignante ; un retraité d'environ 70 ans, ancien technicien en école qui nous raconte s'être fait « placardisé »
pendant douze ans et qui dispose aujourd'hui d'une toute
petite retraite alors qu'il a travaillé plus de quarante ans ;
une femme, la cinquantaine et les traits tirés, arrivant de
son travail de nuit (elle a commencé cette nuit à 3 h 30)
comme femme de ménage en entreprise, et qui manque de
rouler sur les pieds de deux Gilets jaunes en garant mala-
droitement sa Clio sans âge sur le passage pour piétons.
Au moment où la police passe, elle s'assoit sur le pare-
brise pour masquer son macaron de contrôle technique,
dont elle nous apprend par la suite qu'il n'est pas en
règle. Par ailleurs, ses pneus sont lisses. Elle part ensuite
chercher sa fille, elle aussi femme de ménage. À la fin du
repas arrivent un intérimaire d'une vingtaine d'années et
un salarié en CDI de 45 ans qui travaillent dans la même
entreprise de transport. Ils se resteront toute l'après-midi
debout à côté d'un panneau, échangeant sur leur travail.
Durant une bonne partie de la matinée, un cycliste ayant
la cinquantaine et portant un K-Way jaune fait des tours
de rond-point en hurlant « Macron, démission ! » et « Il
y en a marre ! » Il déclenche les rires des autres présents,
éberlués par celui qui du fait de cette attitude est qualifié
de « fou » et filmé par plusieurs portables.
Un journaliste du quotidien départemental passe vers
10 h 30, prend quelques photos, et s'entretient avec ceux
qu'il a déjà rencontrés les jours précédents, des habitués
du rond-point qui lui racontent des histoires abraca-
dabrantes.
Le déjeuner est enjoué et copieux, nourri par les nombreux dons reçus tout au long de la matinée, mais aussi
par le savoir-faire de José qui dispose les aliments sur
une planche posée sur un gros pneu de tracteur, met à
disposition de tous son canif, et invite chacun à se servir.
En outre, un retraité joue de temps à autre des airs de

pipeau et un autre est venu se garer sur le terre-plein entre les deux voies, de manière à pouvoir écouter en direct la radio pour avoir des nouvelles de la manifestation et des « violences en cours » à Paris. Les discussions portent sur celles-ci, dont certains captent les dernières nouvelles *via* la chaîne de télévision BFM TV sur leur téléphone portable, mais aussi sur tel club de foot local ou national, ou sur d'autres ronds-points sujets à des rumeurs (arrestations, évacuations, bagarres, etc.). Signe de cette incertitude, des modalisateurs comme « apparemment » ou « il paraît » ponctuent abondamment les paroles de tous les présents sur la situation en cours.

L'ambiance est donc bon enfant, chaleureuse et conviviale, sur cette entrée de rond-point, du fait de l'animation mise en place par l'ensemble des participants : le port même du gilet jaune les met sur un pied d'égalité au moins vestimentaire. Cette fois, ils empruntent au registre du barbecue de famille ou du club de sport, pratiques collectives peut-être qualifiables d'infrapolitiques si l'on se place du point de vue de la politique la plus institutionnalisée, mais efficaces au moment d'organiser la vie en commun : c'est notamment à cela que peuvent s'employer des profils d'éducateurs animateurs sportifs[1].

Cette bonne ambiance rassure les présents et rend le rond-point accueillant. D'où l'apparition progressive sur le rond-point de chiens, en particulier à poil ras (dogue, pitbull), et même de quelques rares adolescents

---

1. Tel le cas de Gaylord bien détaillé par Brice Le Gall, Thibault Cizeau, Lou Traverse, *Justice et respect. Le soulèvement des Gilets jaunes*, Paris, Syllepse, 2019.

alors que les très jeunes restaient peu nombreux. Les parents justifiaient cette absence en évoquant des inconnues à la fois quant aux autres adultes présents, à une potentielle intervention toujours possible des forces de l'ordre, à la dangerosité présumée du trafic automobile sur les ronds-points, mais aussi à l'ennui qu'y éprouverait leur enfant : « Non, ce n'est pas un lieu pour eux », nous a-t-il été répété. Les principales exceptions concernent des lycéens : soit venus avec leurs parents et toujours en fratrie, soit un groupe de six garçons venus un mercredi après-midi du lycée agricole de la ville. Il faut noter qu'aucun contact n'a été établi avec les mobilisations lycéennes de début décembre qui ont pourtant eu lieu dans ce département. Concernant l'alcool, dont on sait qu'il peut déstabiliser les mobilisations[1], nous n'avons pas assisté à de francs débordements comme cela semble avoir été le cas ailleurs, même si sa consommation faisait l'objet de condamnations au nom de l'« image du mouvement ».

Au fil des heures puis des jours, tout ce temps passé ensemble sur le rond-point et la proximité sociale des présents occasionnent bien entendu des échanges. Outre ceux avec les automobilistes, une bonne partie porte très concrètement sur l'organisation quotidienne et présente du rond-point : coordination du trafic routier entre les différentes entrées, gestion des stocks de dons, alimentation du feu du terre-plein central, construction ou aménagement

---

1. Valérie Cohen, Xavier Dunézat, *Quand des chômeurs se mobilisent*, Rennes, PUR, 2018, 4ᵉ partie.

d'une cabane, etc. Des rumeurs apparaissent de temps à autre quant aux ronds-points des environs, au sujet d'une potentielle évacuation, ou d'un « accrochage » avec un automobiliste, avant d'être démenties. Enfin, émergent des discussions plus politiques, mais pas au sens électoral ou partisan du terme qui fait l'objet d'un certain évitement[1]. Il est plutôt question des échanges avec les forces de l'ordre locales, ou bien de qualifier les manifestations parisiennes, parfois visionnées en direct sur BFM TV à partir d'un téléphone portable. Les présents sont ambigus à leur sujet : d'un côté ils les condamnent, d'un autre ils les déplorent sur le mode « C'est triste à dire, mais sans ça on ne se fait pas entendre ». C'est aussi dans ce contexte d'interconnaissance croissante que peuvent émerger des propos portant par exemple sur des difficultés de conditions de vie rarement exprimées publiquement (voir la seconde partie de cet ouvrage), sur les conditions de travail dans telle ou telle entreprise locale (employeur « accommodant » ou non, heures supplémentaires rémunérées ou non, etc.), mais aussi sur l'attitude d'autres acteurs vis-à-vis des Gilets jaunes, tels que les syndicats.

---

1. Nina Eliasoph, *L'Évitement du politique. Comment les Américains produisent l'apathie dans la vie quotidienne*, Paris, Economica, 2010.

Chapitre 3

Réseaux de mobilisation

CRITIQUE DES SYNDICATS, MAIS OMNIPRÉSENCE DE SYNDIQUÉS

Nous assistons par exemple à cet échange le mercredi 21 novembre 2018 :

> Sur cette entrée, alors qu'un autre petit groupe de jeunes gère la file qui s'allonge en cette fin de journée, se trouvent quatre ouvriers en pleine discussion : deux trentenaires venus ensemble de l'importante usine agroalimentaire de l'agglomération (500 salariés), un soudeur déjà vu les jours précédents (45 ans), et un autre plus jeune repérable à ses vêtements de travail. Les deux premiers racontent que leur syndicat, la CGT, ne soutient pas le mouvement, et que « le syndicat de la boîte m'a dit qu'il ne bougerait pas, qu'il a des consignes là-haut, ils craignent la récupération ». Alors l'un dit qu'il ne va plus prendre sa carte, l'autre semble hésitant : « Le représentant fait quand même du boulot, quoi. » La discussion n'est pas poursuivie plus avant, peut-être du fait de notre présence, mais c'est la deuxième fois en quelques jours que survient ce type d'échange.

Cela renvoie à un constat net mis en lumière par l'enquête nationale : une partie notable des Gilets jaunes ouvriers est syndiquée. Le taux de syndicalisation estimé par l'enquête collective nationale par questionnaire[1] parmi les Gilets jaunes salariés est d'au moins 20 % sur les ronds-points, soit deux fois plus élevé par rapport à la moyenne nationale, autour de 9 %[2]. La CGT est la plus représentée, comptant pour plus de 50 % des personnes ayant déjà été syndiquées, suivi de la CFDT (20 %), FO (14 %), et SUD (10 %). Un des effets de cette présence syndicale, synonyme d'une certaine connaissance des relations professionnelles et des formes de mobilisation afférentes, est que ces syndiqués ne sont absolument pas surpris que « ça dure » dans un premier temps, et que la situation semble s'enliser au bout d'une dizaine de jours sans que le gouvernement ait « lâché », comme cela a pu être le cas de leurs employeurs lors de grèves passées : le questionnaire national permet en effet d'estimer que 70 % des syndiqués déclarent avoir déjà fait grève, contre 38 % des présents non syndiqués. Cette culture de la grève et des luttes syndicales était donc bien présente au sein des Gilets jaunes. Une deuxième conséquence est l'implication active de délégués syndicaux, notamment retraités :

Sur ce rond-point, tout le monde parle de « Daniel ». Celui-ci a travaillé cinq ans à la fonderie locale, avant de devenir routier. C'est là qu'il a été un syndicaliste selon

1. Collectif d'enquête, « Enquêter *in situ* par questionnaire sur une mobilisation », art. cit.
2. Source : enquête FQP, INSEE, 2017.

lui très combatif à un niveau européen, comme délégué syndical faisant partie d'un CHSCT, avant de prendre sa retraite à l'été 2018. Cela lui vient notamment de son père, qui était lui aussi très engagé sur le plan syndical, et avant cela de son grand-père républicain qui a fait la guerre d'Espagne. Daniel ne comprend pas pourquoi les syndicats ne soutiennent pas plus les Gilets jaunes, et leur reproche de « se financer par des subsides du gouvernement plutôt que par les cotisations des adhérents ». Il est très remonté au sujet des dernières réformes du travail. Sur le rond-point, il fait le tour des entrées, rigole avec les uns et les autres en les invitant à durcir la mobilisation, prend la parole avant un départ en opération escargot, et ne s'en laisse pas conter par les forces de l'ordre. Au dos de son gilet jaune, on peut lire « Staff [numéro du département] » et « Macron démission ».

Mais cette présence syndicale doit cependant être considérée avec beaucoup de prudence.

D'une part, on peut penser qu'elle s'explique pour partie par un effet de structure selon lequel cette présence renverrait avant tout à la composition sociologique des Gilets jaunes. Effectivement, les ouvriers qualifiés (comme ceux dans l'observation *supra*) et dans une moindre mesure les ouvriers non qualifiés de l'industrie, les manutentionnaires, ou les chauffeurs constituent les principaux pourvoyeurs de syndiqués sur les ronds-points : ils comptent pour environ la moitié d'entre eux avec un taux de syndicalisation moyen de plus d'un tiers. Cela reflète en partie la réalité des bastions du syndicalisme français, largement implanté dans ces catégories mais peu dans d'autres, comme le rappelle le secrétaire général de la CGT Philippe Martinez dans un long entretien avec

L'Humanité au sujet des Gilets jaunes (20 décembre 2018). Effectivement, les enquêtes sur les relations professionnelles font régulièrement état de larges « déserts syndicaux » : la CGT ne dispose ainsi d'un délégué syndical que dans 16 % des établissements de plus de dix salariés[1], et les salariés sont d'autant moins syndiqués qu'ils sont précaires.

D'autre part, cette mesure de la présence syndicale prend en compte les syndiqués actuels et passés, alors que beaucoup de Gilets jaunes interrogés déclarent avoir seulement adhéré dans le passé, ce qui concernerait environ la moitié d'entre eux d'après notre questionnaire qui renseignait cette information. Une partie non négligeable (10 %) déclare avoir adhéré successivement à plusieurs syndicats, parfois de manière très intermittente (« CGT mais même pas un an »). On retrouve ici un important effet de « panier percé » de l'adhésion syndicale, qui s'accompagne plus ponctuellement de griefs[2] : « Adhérent parce que passage obligé dans mon entreprise, mais ça m'a dégoûté » ; « J'étais syndicaliste, puis trois opérations discales et en retraite anticipée, le syndicat ne m'a pas défendue » ; « Je me suis syndiqué parce qu'il y avait des problèmes au boulot, mais on les voit jamais » ; ou bien encore ce surveillant pénitentiaire rencontré sur un rond-point et selon qui le « mouvement de grève de janvier dernier a été trahi par le syndicat majoritaire qui a signé

---

1. Source : enquête « REPONSE », DARES, 2017.
2. Un des six portraits présentés dans Brice Le Gall *et al.* (*Justice et respect…, op. cit.*) s'intitule « Patrick, le routier qui ne croit plus aux syndicats » (p. 84 et suiv.).

n'importe quoi. Du coup, aux élections professionnelles d'hier ils ont coulé, ils ne sont plus majoritaires[1] ».

Ces déclarations doivent être reliées au contexte de l'enquête et à la défiance des Gilets jaunes vis-à-vis des syndicats au début de leur mobilisation. Ainsi, les deux tiers des Gilets jaunes interrogés par l'enquête collective nationale sur les ronds-points répondent par la négative à la question de savoir si « les syndicats ont leur place dans le mouvement » (ce taux monte à 80 % pour les partis politiques). Mais ici encore les réponses semblent ambiguës, puisque dans leurs commentaires les répondants multiplient les distinctions entre le représentant à l'échelle locale et les centrales au niveau national. Il est néanmoins frappant que les syndiqués présents viennent sur le rond-point sans badge, drapeau ou chasuble syndicale. Cette distinction par rapport aux syndicats est d'ailleurs parfois ouvertement affichée par les Gilets jaunes, notamment lors d'actions délibérément disruptives telles que des occupations et blocages : « Justement on n'est pas des syndicats, donc c'est pas organisé, les syndicats eux ils organisent, mais nous on est les Gilets jaunes », clame l'un d'eux aux forces de l'ordre lors d'un blocage auquel nous avons pu assister. L'héritage syndical sera plus important dans les manifestations, par exemple au travers de la délimitation des parcours.

---

1. Dans le secteur pénitentiaire, les élections professionnelles de la fonction publique du 6 décembre 2018 ont vu Force ouvrière, qui avait refusé de stopper la grève en janvier, l'emporter devant l'ancien syndicat majoritaire, l'Union fédérale autonome pénitentiaire (UFAP), qui s'était rallié aux propositions du gouvernement. La grève portait sur des revendications liées aux salaires et à la sécurité.

Par conséquent, alors qu'on aurait pu *a priori* penser à une convergence[1], au cours de ces deux premiers mois, les relations entre Gilets jaunes et syndicats ressemblent à un rendez-vous manqué, bien qu'ils entretiennent des liens et que les syndiqués constituent un vivier de recrutement, comme cela a été observé pour beaucoup de mouvements sociaux[2]. Les centrales syndicales n'ont pas considéré les Gilets jaunes comme une fenêtre d'opportunité et proposèrent même un calendrier de mobilisation décalé (par exemple, il y eut un appel à la grève de la CGT le vendredi 7 décembre 2018). Plusieurs raisons l'expliquent : les centrales ne partagent pas la revendication initiale d'opposition à une taxe, redoutent une instrumentalisation par l'extrême droite[3], déplorent à demi-mot de n'avoir pas été plus soutenues jusqu'alors, et sont à l'époque investies dans les élections professionnelles de bastions syndicaux : la RATP et la SNCF en novembre, puis celles de la fonction publique le 6 décembre 2018. Il existe donc un ensemble de facteurs autant structurels que

1. Maxime Quijoux, Guillaume Gourgues, « Syndicalisme et gilets jaunes », *La Vie des idées*, 18 décembre 2018 ; Étienne Pénissat, Thomas Amossé, « Gilets jaunes : des automobilistes aux travailleurs subalternes », *Libération*, 6 décembre 2018 ; Karel Yon, « Les syndicats dans la roue des gilets jaunes ? », *AOC*, 20 décembre 2018.
2. Pour le cas de Nuit debout : Collectif d'enquête, « Déclassement sectoriel et rassemblement public », art. cit. Pour celui des mouvements consécutifs à la crise de 2008 en Espagne : Susana Narotzky, « Between inequality and injustice: Dignity as a motive for mobilization during the crisis », *History and Anthropology*, 2016, vol. 27, p. 74-92.
3. Communiqué national de la CGT, 29 octobre 2018 ; plaintes de la CGT douanes contre des Gilets jaunes du nord de la France ayant permis l'interpellation de migrants (22 novembre 2018).

conjoncturels qui expliquent cette prise de distance réciproque, mais celle-ci ne doit masquer ni la présence assez importante de syndiqués sur les ronds-points, ni l'ancrage des Gilets jaunes dans certaines mobilisations sectorielles qui ont lieu au même moment.

DES MOBILISATIONS SECTORIELLES EN PARALLÈLE

Nous avons déjà pu relever au travers de différentes traces la concomitance entre les Gilets jaunes et d'autres mobilisations en cours telles que celles des lycéens début décembre 2018 contre les réformes du bac et Parcoursup[1], ou bien des mouvements locaux pour la défense des services publics (SNCF, hôpital, écoles primaires, bureaux de poste ou des impôts), voire contre des grands projets d'aménagement du territoire (enfouissement de déchets nucléaires à Bure dans le cas de Commercy). Si des connexions ont eu lieu, par exemple au travers de prises de paroles ou de discussions informelles, de partages d'expériences, ou même d'effectifs militants (appel et participation des Gilets jaunes en faveur de ces mobilisations), il ne faudrait pas les surinterpréter car elles sont restées minoritaires et n'ont pas donné lieu à des alliances

---

1. Parcoursup est une application Web mise en place par le ministère de l'Enseignement supérieur en 2018 et qui vise à recueillir et gérer les vœux d'affectation des futurs étudiants.

pérennes. Ces échos resteraient à décrire au cas par cas, en prenant en compte leurs évolutions dans le temps.

En revanche, il en va un peu différemment pour des mobilisations de secteurs professionnels, dont nous avons également pu relever différents indices. Certaines apparaissent marginales pour les Gilets jaunes, telles que la présence de ce gardien pénitentiaire évoquant la colère de sa profession ayant conduit à un changement de syndicat majoritaire, ou le mouvement « stylos rouges » des enseignants complètement absents des ronds-points (mais un peu plus présents dans les manifestations) alors qu'ils sont touchés par une dégradation de leur rémunération (gel du point d'indice et absence durable de revalorisation comme la plupart des fonctionnaires) et de leurs conditions d'emploi (déclin des recrutements statutaires, hausse des enseignants vacataires). Plusieurs hypothèses pourraient expliquer cette absence de convergence sur laquelle nous n'avons pas enquêté : une « fausse conscience de classe » évoquée par Emmanuel Todd[1], une réticence face aux revendications matérialistes des Gilets jaunes plutôt que culturelles qui les amenèrent à plus se mobiliser dans Nuit debout[2], le déclin du Parti socialiste et du syndicalisme enseignant qui étaient censés les représenter, ce qui s'accompagne d'un net recul de leur participation aux grèves[3], etc.

1. Emmanuel Todd, *Les Luttes de classes en France au XXIᵉ siècle*, *op. cit.*
2. Collectif d'enquête, « Déclassement sectoriel et rassemblement public », art. cit.
3. Pierre Blavier, Tristan Haute, Étienne Pénissat, « La grève, entre soubresauts et déclin », *Mouvements*, 2020, n° 103, p. 11-21.

Néanmoins, d'autres expériences de mobilisation étaient bien présentes, telles que celles des « petites retraites » contre la CSG dès l'été 2018 ou la culture syndicale dans les industries que nous avons évoquées précédemment. Des professions organisent des mobilisations en même temps que les Gilets jaunes, comme les routiers[1], les forces de l'ordre[2], ou plus largement le secteur du soin.

Celui-ci peut être compris dans un sens élargi comme allant des infirmières (PCS 43) jusqu'aux aides à domicile (PCS 56) réalisant des tâches de ménage, de cuisine, de garde d'enfants, en passant par les aides-soignantes et les agentes de service hospitalier (ASH, PCS 52). Toutes ces catégories socio-professionnelles étaient largement surreprésentées sur les ronds-points, représentant plus de la moitié des présentes (voir *supra*, Figure 12). Même s'ils sont en réalité hétérogènes, ces groupes professionnels très féminisés partagent des conditions de travail pénibles (temps de travail, horaires de nuit, port de charges lourdes, rationalisation des tâches, isolement

---

1. Au début du mois de décembre, quatre syndicats du transport routier (CFDT, FO, CFTC, CGC) et de la logistique appelèrent à la grève le dimanche 16 décembre 2018 contre la pénibilité et pour des revalorisations de salaire, mais y renoncèrent finalement la veille en raison de concessions du gouvernement, ce qui fut interprété sur beaucoup de ronds-points comme une trahison : « Ben oui, c'est chacun pour sa gueule », a-t-on beaucoup entendu.

2. À la fin du mois de décembre, deux syndicats des forces de l'ordre (Alliance et FO) appellent à la mobilisation pour de meilleures carrières et rémunérations, finalement concédées par le ministère de l'Intérieur, ce qui suscite de la désapprobation sur les ronds-points.

professionnel, etc.), des rémunérations modestes, et de faibles perspectives de carrière, ce qui donne lieu à des mobilisations accrues[1], en particulier de la part des infirmières qui semblent se constituer en tant que profession depuis plus longtemps[2] et dont les syndicats avaient par exemple organisé une journée de mobilisation le mercredi 21 novembre 2018. D'où la présence ce jour-là sur le rond-point de ces deux infirmières de l'hôpital psychiatrique de la ville : elles arborent une banderole de tissu « IDE en colère », et nous expliquent qu'« IDE » signifie infirmières diplômées d'État. Sur le gilet jaune de l'une, on peut lire : « Tais-toi et soigne ». Pour elles aussi, leur temps de trajet domicile-lieu de travail quotidien a été rallongé du fait de la rationalisation des services de santé (diminution du ratio personnel-patients, concentration géographique dans de plus grosses unités mais avec des demi-journées dans des antennes plus éloignées). Elles ont participé à la manifestation professionnelle du matin, déplorant la faible mobilisation de leurs collègues.

---

1. Emmanuelle Puissant, Laurent Gardin, Nadine Richez-Battesti, « Syndicalisme et dialogue social dans l'aide à domicile », *La Revue de l'IRES*, 2013, n° 78 ; Sophie Divay, *Soignantes dans un hôpital local. Des gens de métier confrontés à la rationalisation et à la précarisation*, Rennes, Presses de l'EHESP, 2013 ; Sophie Béroud, « Une campagne de syndicalisation au féminin », *Travail, genre et sociétés*, 2013, n° 3, p. 111-128.

2. Ivan Sainsaulieu, « La mobilisation collective à l'hôpital : contestataire ou consensuelle ? », *Revue française de sociologie*, 2012, 53-3, p. 461-492 ; Danièle Kergoat, Françoise Imbert, Hélène Le Doaré, Danièle Senotier, *Les Infirmières et leur coordination, 1988-1989*, Rueil-Malmaison, Lamarre, 1998.

De même, les employées d'EHPAD avaient déjà manifesté en janvier et en mars 2018, en lien avec les mobilisations de retraités contre la CSG (voir *supra*), et les ambulanciers le firent également le 3 décembre 2018 (bloquant notamment le pont de la Concorde à Paris). Ici encore, il ne faut pas surinterpréter le lien entre les Gilets jaunes et ces mouvements professionnels souvent minoritaires qui ne doivent pas masquer des divisions statutaires entre ces professions (typiquement entre aide-soignante et infirmière)[1] et en leur sein (par exemple entre infirmière du privé et du public, ou à l'intérieur d'un même service hospitalier), et dont l'ampleur peut beaucoup varier d'un établissement à un autre.

Toutefois, dans une perspective plus macrosociologique, tous ces éléments indiquent que le mouvement des Gilets jaunes reflète également de profonds changements de composition socioprofessionnelle de la société française au cours des dernières décennies. Pour en rendre compte de manière synthétique, nous avons compilé la répartition des professions au sein des personnes en emploi depuis les années 1980 (Figure 10), en gardant celles ayant connu les plus fortes évolutions et en procédant à des regroupements (par exemple, ouvriers qualifiés et non qualifiés de l'industrie, ou bien cadres et professions intermédiaires des services administratifs et commerciaux des entreprises).

---

1. Alors que nous demandons à l'une si elle est infirmière, nous sommes de suite détrompé : « Ah non, je suis aide-soignante, c'est moins gradé, il ne faut pas confondre les torchons et les serviettes » (sur le rond-point, 21 novembre 2018).

Figure 10. – Évolution des catégories socioprofessionnelles des actifs occupés en France (1984-2014)[1]

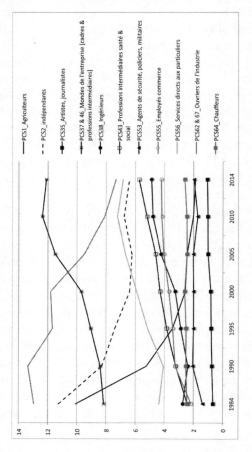

1. Source : enquête « Emploi », INSEE, 1984-2014, traitement de l'auteur. Champ : actifs en emploi. Lecture : en 1984, les agriculteurs (PCS 1) représentaient 10 % de la population active en emploi contre 2 % en 2014.

En premier lieu, cela permet de visualiser la croissance numérique de groupes professionnels liés au secteur du soin tels que les professions intermédiaires de la santé et du social (PCS 43, principalement composée d'infirmières) et les services directs aux particuliers (PCS 56) : la part de cette main-d'œuvre, quasi exclusivement féminine, a doublé depuis les années 1980, passant d'environ 6 % des actifs occupés à l'époque à plus de 12 % aujourd'hui. Aujourd'hui, en France, au moins un tiers des femmes de plus de 40 ans en emploi travaillent dans ce secteur : les Gilets jaunes actent le fait qu'en matière de conflictualité sociale et professionnelle, il faut dorénavant compter avec lui. De manière progressive et sans que cela soit mécanique, ce groupe professionnel tend d'ailleurs à s'affirmer de plus en plus en tant que tel, alors que cela semblait jusqu'ici « improbable ». Cela est corroboré par des taux de syndicalisation qui tendent à augmenter (entre 2008 et 2016, de 2 % à 6 % pour la PCS 56 des services aux particuliers) ou se maintiennent à des niveaux relativement élevés (autour de 15 % pour la PCS 52 comprenant les aides-soignantes, et de 11 % pour la PCS 43 des infirmières)[1].

A contrario, cet archétype historique de la classe sociale que sont les ouvriers de l'industrie connaît un déclin quasi symétrique depuis la fin des années 1990 (de près de 12 % en 2000 à 7 % en 2014, voir Figure 10). S'ils sont traditionnellement plus syndiqués

---

1. Source : enquête SRCV, INSEE, 2008 et 2016 (voir Pierre Blavier, Tristan Haute, Étienne Pénissat, « La grève, entre soubresauts et déclin », art. cit.).

et fortement mobilisés (grands établissements avec des négociations salariales pouvant occasionner des grèves), ils sont inquiets quant à l'avenir de leur emploi face à la concurrence internationale et aux changements technologiques (automatisation). Ces tendances concernent également les chauffeurs et les vendeuses, dont les parts restent constantes, mais qui sont inquiets pour l'avenir. Nous avons vu que ces deux professions étaient très présentes sur les ronds-points (Figure 12).

Troisièmement, d'autres groupes socioprofessionnels sont touchés par des phénomènes de saturation ou de forte transformation des carrières professionnelles, ce qui les conduit à stagner depuis le début des années 2000 : les indépendants (qui ont néanmoins cessé de décroître), les agents de sécurité et forces de l'ordre (militaires, policiers, gendarmes), ou encore les artistes. Cela reflète dans quelques cas des effets de composition (par exemple, l'augmentation des agents de sécurité aux dépens des militaires, ou le déclin des petits commerçants contrasté par l'essor des autoentrepreneurs), mais surtout des changements sur les marchés de l'emploi concernés : augmentation des créateurs d'entreprise précaires, crise du statut des journalistes et des intermittents du spectacle (PCS 35) fortement mobilisés dans Nuit debout (2016), déclin des effectifs militaires dont les conditions de recrutement ont été modifiées. Ces deux derniers groupes socioprofessionnels étaient bien entendu quantitativement peu présents chez les Gilets jaunes, mais ils étaient visibles : à chaque rond-point son jeune retraité de l'armée repérable à ses habits kaki qui trouvera à s'employer dans les services d'ordre des manifestations, et son artiste ou son journaliste précaires. De manière symptomatique, c'est là-dessus que s'ouvre le bel ouvrage de Brice Le Gall *et al.*, qui ont photographié un couple de journalistes précaires, présentés comme tels et repartant en stop[1].

À un niveau macro, les Gilets jaunes résultent donc d'un enchevêtrement de mobilisations professionnelles antérieures ou concomitantes, et peuvent au fond se lire comme une agrégation de mobilisations parallèles en cours de milieux qui partagent des difficultés professionnelles. La surreprésentation des milieux concernés sur les ronds-points en atteste clairement. Elle reflète pour partie une vaste crise du monde du travail qui se manifeste par des mutations rapides des types de carrière professionnelle (entrée dans le métier, grades), par des difficultés en conséquence à s'organiser collectivement sur le lieu de travail, et à revendiquer de bonnes conditions de travail (pénibilité physique, horaires) et d'emploi (contrats, rémunération).

Toutes ces mutations dans la structure de l'emploi en France au cours de ces dernières décennies sous-tendent la mobilisation des Gilets jaunes, et la politisation qui en a résulté sur les ronds-points[2].

1. Brice Le Gall *et al.*, *Justice et respect...*, *op. cit.*, p. 160.
2. De même, on peut incidemment noter la montée des « milieux de l'entreprise » – cadres du privé, managers, techniciens (Figure 10, courbe supérieure avec les croisillons) – qui constituent le gros de l'électorat macroniste.

LE BROUILLAGE
DES CLIVAGES IDÉOLOGIQUES
ET PARTISANS TRADITIONNELS

En se tenant aux côtés des Gilets jaunes, nous avons pu observer la cohabitation de symboles politiques très différents, comme ci-dessous la cohabitation des drapeaux français et anarchiste (Figure 11), qui constituaient les seuls étendards de cette manifestation locale (2 décembre 2018). Dans le questionnaire, lorsque nous demandions aux personnes interrogées de se situer sur une échelle gauche-droite de 1 à 7 (question discutable, mais reprise des enquêtes électorales internationales), il n'était pas rare qu'elles répondent « très à gauche » tout en déclarant ensuite voter Rassemblement national. Sans rentrer ici dans l'exégèse d'un tel positionnement, force est de noter qu'il bouscule la représentation traditionnelle du champ politique français. Autrement dit, les personnes présentes ne voient aucun problème à manier des positions politiques qui apparaissent, pour le politiste, comme contradictoires, relevant de cultures politiques quasi opposées. Le seul point de ralliement est peut-être l'opposition à « la Macronie », incarnée par le président lui-même, l'affaire Benalla quelques mois plus tôt, ou bien le présumé achat de vaisselles onéreuses par son épouse appelée familièrement par son prénom (« la Brigitte »).

N'ayant ni représentation nationale ni autre ligne politique plus précise, les Gilets jaunes en un sens acceptent tout le monde, et ils craignent moins la contradiction que « l'enfumage » des politiciens[1].

Figure 11. – L'étonnante cohabitation du nationalisme et de l'anarcho-syndicalisme[2]

1. Michalis Lianos, « Une politique expérientielle », *Lundimatin {papier}*, mars 2019, p. 93-121.
2. Source : auteur, décembre 2018.

L'ÉMERGENCE DE « LEADERS » LOCAUX
ET LEURS CARACTÉRISTIQUES

Si l'absence d'un « leadership » légitime à l'échelle nationale a été beaucoup soulignée, elle ne doit pas pour autant occulter que des initiateurs ont parfois joué un rôle important dans la tenue des ronds-points au fil des semaines. Sur le nôtre, c'est en particulier le cas de Laurie, 29 ans. Sa ressemblance physique avec Marine Le Pen, blonde et maquillée, est troublante, alors qu'elle ne soutient pas le RN. Elle est la protagoniste qui revient le plus fréquemment dans notre journal de terrain (93 occurrences). Son omniprésence structure l'organisation au quotidien du rond-point et la conduit à y occuper en fait des fonctions variées :

[Gestion de l'argent du rond-point]
Alors que nous sommes autour du feu sur le terre-plein central avec d'autres Gilets jaunes, dont Laurie et sa mère, un des Gilets jaunes garde-barrière s'approche de nous, suivi d'un homme de petite taille, et nous dit qu'il veut « donner pour la caisse » avant de repartir aussitôt : c'est que le monsieur, qui tient dans sa main plusieurs billets de 50 euros, ce qui entraîne un saisissement collectif, est intimidé par nos réactions qui montrent bien que nous ne sommes pas vraiment préparés à l'arrivée de donateurs. Il repart immédiatement après avoir donné la petite liasse à Laurie qui rigole et s'exclame : « Il y en a pour combien là ? On a de quoi tenir des mois avec ça ! » Petit échange de platitudes sur la gentillesse des gens. Elle est embêtée et ne sait pas quoi faire de cet argent. Mais il faut le dérober à la vue rapidement [réflexe]. Elle prend

à témoin l'approbation de notre regard pour mettre les billets dans sa banane. Ensuite, elle s'empare du micro de la sono pour remercier les gens qui donnent et dire que quelqu'un vient de donner 150 euros. Chacun sait qu'elle a pris ces sous-là, elle se protège ainsi d'éventuelles accusations. [...] Cet argent servira notamment à alimenter le groupe électrogène en carburant. [Notes de terrain, 24 décembre 2018]

[Centralisation de l'information]
Laurie est une force de proposition d'actions : faire une opération escargot sur l'autoroute à proximité, aller chercher du matériel (pneus, etc.), changer de rond-point dans les jours à venir, aller bloquer une grande surface locale ou un rond-point supplémentaire, en particulier celui de la zone d'entrepôts dont elle connaît bien le rôle crucial dans la distribution des marchandises puisqu'elle est elle-même chauffeuse de camion.

[Gestion des rapports avec les forces de l'ordre]
C'est Laurie que les forces de l'ordre, et en particulier les agents des renseignements territoriaux, viennent voir en priorité lorsqu'ils ont une requête (exemple : ne pas trop bloquer le trafic) ou une information à transmettre (les commerçants de la zone commerciale sont mécontents et se sont plaints auprès du préfet). Il est arrivé que Laurie se désolidarise auprès d'eux vis-à-vis d'un autre rond-point de la ville, un jour où « ils ont fait n'importe quoi ». Enfin, c'est sur elle que les forces de l'ordre mettent la pression lorsqu'est organisée une manifestation dans la ville, en la tenant pour responsable d'éventuels débordements.

[Relayer des informations sur Facebook]
Laurie est administratrice du plus gros groupe Facebook du département (des milliers de membres), et ce depuis sa création en janvier 2018 lors de la mobilisation contre les 80 km/h à laquelle elle a activement participé avec

son groupe de motards (en photo dans le quotidien local devant la préfecture). Elle y relaie des informations sur la situation du rond-point en direct (vidéos *live*) et invite les membres du groupe Facebook à y venir.

Ainsi, Laurie se trouve littéralement au centre de l'organisation du rond-point, dont elle est sans surprise capable d'identifier la composition : « On touche plus de monde que le mouvement des 80 km/h, pas seulement ceux qui roulent... Ça va du smicard à la classe moyenne » (message Facebook, 22 novembre 2018). Elle est très intégrée dans une sociabilité qui va des automobilistes qui ne font que passer jusqu'aux « gardiens de barrière » que nous avons évoqués plus haut, en passant par sa garde rapprochée d'habitués dans laquelle on trouve les rôles de l'amant ou du « troubadour » : ce jeune chômeur qui s'amuse, se dandine, voire danse, et fait des blagues tout le temps, cherchant à amuser la galerie en usant si possible du mégaphone. D'ailleurs, le départ de Laurie, en raison de sa reprise du travail, désorganisera le rond-point : c'est un des facteurs d'explication du déclin des ronds-points, qui semble avoir été bien identifié par les forces de l'ordre[1].

Cette présence quasi permanente sur le rond-point s'inscrit dans une disponibilité biographique qui renvoie à la trajectoire hachée que Laurie partage avec d'autres initiateurs des Gilets jaunes. Son CV,

---

1. Élise Vincent, Nicolas Chapuis, « Après dix semaines de mobilisation, comment la police analyse le mouvement des "gilets jaunes" », *Le Monde*, 26 janvier 2019.

consultable en ligne, montre ainsi qu'au cours des dix dernières années, depuis la fin de ses études à 19 ans après avoir fréquenté les trois lycées professionnels de la ville, elle a enchaîné pas moins de onze épisodes professionnels différents, avec des durées comprises entre un et vingt-quatre mois et le plus fréquemment autour d'une année. Il s'agit d'abord de postes de vendeuse dans différents secteurs (vente de vêtements, d'animaux), entrecoupés de trois épisodes de chômage (un an au maximum), d'un passage avorté par l'autoentrepreneuriat dans la mécanique (moins d'un an), puis d'une reconversion en conductrice de poids lourd il y a quelques années et jusqu'aux Gilets jaunes – il n'est alors pas clair si elle est en congé ou en grève avant de reprendre le travail à la mi-décembre, après toutefois avoir prétendu qu'elle voulait quitter cet emploi. Ce type de trajectoire est symptomatique des évolutions du marché du travail contemporain, marqué par un haut niveau de chômage et une augmentation tendancielle des formes flexibles d'emploi (CDD, intérim, temps partiel) qui touchent surtout les jeunes des classes populaires, en particulier dans cette région où la population est vieillissante, peu qualifiée du fait que ceux qui sont partis faire des études reviennent rarement. Il est ainsi frappant que Laurie fasse partie de ceux qui, peu qualifiés, sont restés au « pays », ces deux caractéristiques étant liées[1]. Elle a de ce fait un parcours heurté, occupant des emplois instables, et mettant des années avant d'éventuellement

---

1. Le fils de José, présenté plus haut et sur lequel nous revenons dans la seconde partie de cet ouvrage, est un cas de figure similaire.

se stabiliser. Son cas doit nous interpeller sur le fait que précarité et engagement, *a fortiori* en tant qu'initiatrice, ne sont manifestement pas inconciliables : c'était une mobilisation dans laquelle des précaires comme elle trouvaient à s'engager. La trajectoire de Maxime Nicolle, telle qu'elle est rétrospectivement reconstituée dans son autobiographie, est à cet égard encore plus emblématique, et nous l'avons mise à plat sous forme de tableau AGEVEN[1] à partir de son récit[2]. Dans son cas, on est frappé par la manière dont l'instabilité professionnelle se dédouble sur le plan familial et éducatif. Ceci l'a amené à rencontrer des milieux sociaux assez variés, du prolétariat jusqu'à la bourgeoisie culturelle (café socioculturel à Lyon) ou économique (manoir de luxe gardé un moment par son père). Précisément, au moment des Gilets jaunes, sa situation conjugale semble plus stable (père d'une petite fille, en couple avec la mère depuis une dizaine d'années), mais il enchaîne les missions intérim, selon lui par choix[3]. Il ne s'agit pas de généraliser *a priori* ces biographies d'initiateurs, mais celles-ci donnent quand même un premier aperçu de l'importante instabilité professionnelle qui peut exister au sein des

1. Géraldine Vivier, « Comment collecter des biographies ? », *Action nationale de formation (ANR) du réseau MATE*, CNRS, 29 novembre 2017 ; Philippe Antoine, Xavier Bry, Pap Demba Diouf, « La fiche "AGEVEN" : un outil pour la collecte des données rétrospectives », *Stateco*, 1987.

2. Le tableau est disponible sous forme d'annexe électronique ici : https://api.nakala.fr/data/10.34847/nkl.a0db46er/3ff44833e5f03e5a41e7aa7609826042be3ae64c

3. Michel Pialoux, « Jeunes sans avenir et travail intérimaire », *Actes de la recherche en sciences sociales*, 1979, vol. 26-27, p. 19-47.

Gilets jaunes. Ce constat renvoie à des travaux ayant déjà identifié ce type de précarité professionnelle en y voyant un frein à l'engagement politique, mais le cas de Maxime Nicolle montre bien que ce parcours heurté n'est en fait pas complètement incompatible avec l'engagement dans une mobilisation comme celle des Gilets jaunes, *a fortiori* en tant qu'initiateur.

Ces profils suggèrent que l'engagement *in situ* sur le rond-point compensait en partie cet apparent manque d'assise militante, mais le cas de Laurie attire surtout notre attention sur la présence au sein des Gilets jaunes de personnes disposant d'une influence à l'échelle locale et de réseaux mobilisables, bien qu'ils soient peu visibles si on considère les instances de représentations traditionnelles (syndicats, partis politiques, conseil municipal, voire associations). Ce sont des citoyens dont on a l'impression qu'ils sont assez largement « sous les radars » du point de vue des organisations citoyennes officielles. C'est ainsi que les journalistes de la presse quotidienne régionale interrogés dans son mémoire par Ludwig Spéter-Lejeune[1], pourtant fins connaisseurs de la vie politique locale, expliquent qu'ils ne connaissaient antérieurement aucun des présents, d'où leur surprise et la difficulté de situer cette mobilisation qui les a manifestement pris de court. Pourtant, ces protagonistes qui sont devenus visibles à l'occasion des Gilets jaunes semblent en fait de plain-pied dans un

---

1. Ludwig Spéter-Lejeune, « 'Ménager la chèvre et le chou'. La couverture du mouvement social des « gilets jaunes » par un média local, Le Berry républicain », mémoire de master 2, Paris 1, 2019.

environnement local dont ils ont toujours été des acteurs, qu'ils habitent et où ils se sentent à l'aise : les Gilets jaunes leur ont permis de s'exprimer, de s'engager sur les ronds-points et de « sortir du lot ». Mais leur présence suggère aussi que, pour qu'existe une mobilisation en apparence spontanée comme celle des Gilets jaunes, il faut quand même que préexistent des réseaux non pas de militants à proprement parler, mais de personnes mobilisables pour un soutien au moins passif. Ceux-ci doivent être suffisamment nombreux et connectés pour que la mobilisation puisse « prendre » et que s'y agrègent ensuite d'autres personnes (logique d'agrégation)[1].

En l'occurrence, Laurie dispose d'une insertion locale antérieure et de réseaux mobilisables, comme c'est le cas de beaucoup de Gilets jaunes. D'abord, il faut noter qu'elle vient sur le rond-point accompagnée de sa mère qui, comme elle, habite la région et travaille comme ambulancière salariée : la majorité des Gilets jaunes (53 % selon l'enquête nationale par questionnaire) vient à plusieurs sur le rond-point, à l'instar de cette famille de Denain photographiée par Vincent Jarousseau sur le rond-point[2] – 70 % de ceux qui viennent seuls sont des hommes. Deuxièmement, Laurie est très bien insérée dans le réseau de motards

---

1. Le même mécanisme avait pu être constaté pour Nuit debout place de la République (Collectif d'enquête, « Déclassement sectoriel et rassemblement public », art. cit.), avec un noyau dur militant adossé à des milieux professionnels artistes, universitaires et journalistes.

2. Vincent Jarousseau, *Les Racines de la colère*, *op. cit.*, p. 149-150.

local et dans la mobilisation contre les 80 km/h commencée en janvier 2018. C'est également le cas de la figure locale du rond-point de la ville d'à côté, ou d'un protagoniste national comme Maxime Nicolle que Laurie connaissait d'ailleurs avant les Gilets jaunes *via* son groupe Facebook consacré à la mécanique. Enfin, Laurie est plus largement insérée dans des réseaux professionnels locaux, et en particulier ceux liés au trafic routier : elle essaiera par exemple de mobiliser ses contacts dans les services de taxi de la ville pour les faire rejoindre le rond-point.

Ces formes de protagonisme émergent donc en contrepoint de l'absence actuelle de réseaux politiques locaux bien constitués, et d'une faible tradition à cet égard dans ce territoire. Cela a pu être différent dans d'autres cas, comme celui de la Creuse, où il existe une longue tradition militante d'extrême gauche et de luttes qui s'est au moins en partie connectée avec les Gilets jaunes. Pour autant, ce « terreau » ne présage ni de la durée de la mobilisation ni de son intensité, puisque précisément cette présence conduisit à des chocs de culture politique : les militants de gauche se focalisent sur la présence d'idées et/ou de militants d'extrême droite, tandis que beaucoup de participants sans expérience militante sont apeurés par ces disputes et par des appels à des actions initialement perçues comme trop hardies. C'est ce que montre bien cet épisode qui fait apparaître les fragilités de cet entrecroisement de cultures politiques et de ces formes d'autorité :

Sur ce même rond-point, le samedi 24 novembre 2018, vers 18 heures, la nouvelle se répand selon laquelle une grande surface voisine aurait fermé. Soudain, un de ceux qui apparaissaient comme des leaders informels du rond-point du fait de leur forte présence au cours des derniers jours, arrive sur notre entrée de rond-point et intime, après déjà plusieurs appels à « partir bloquer » une autre grande surface à proximité qui sont demeurés sans effet : « Bougez-vous ! Vous êtes trop nombreux, c'est toujours les mêmes qui font les choses, il y en a qui bossent et d'autres qui font rien, qui servent à rien. » Personne ne bouge, des murmures suggèrent qu'il n'est « pas le chef » : « Ici on est chacun pour soi, chacun fait ce qu'il veut. Moi j'ai 60 ans, c'est pas un petit mec qui va me dire ce qu'on doit faire, si c'est ça je me casse », nous glisse notre voisin. Il va rester là en disant autour de lui « qu'il n'y a pas d'ordre à recevoir de quiconque. Si on est là c'est parce qu'on le veut bien et c'est tout ». Le chef improvisé est rejoint par une femme qui passe des coups de téléphone pour appeler du renfort. Arrive peu après une équipée de cinq motards venant pétarader sur le rond-point et faire chauffer le moteur, ce qui est immédiatement décrypté par notre petit groupe comme une démonstration de force. Il s'avérera plus tard que ce sont des connaissances de la femme qui vient de les appeler, tous se connaissent depuis la mobilisation contre les 80 km/h de janvier 2018. Tout le monde est circonspect et aucune action n'est finalement entreprise malgré les ordres qui restent sans effet. Encore un peu plus tard, les mêmes reprennent le micro du terre-plein central pour faire des communiqués de victoire par rapport au fait qu'un autre magasin a fermé, ce qui est pris avec humour car c'est l'heure de la fermeture des magasins : « C'est comme si on nous annonçait que demain c'est dimanche. » [Observation, samedi 24 novembre 2018]

Cette scène montre aussi la coexistence de ce qui s'apparente à des différences de cultures et de visées politiques : d'un côté, la légitimité de « ceux du terre-plein central » très investis toute la semaine, et de l'autre, celle plus consensuelle de ceux qui ont tenu le barrage filtrant toute la journée. Les premiers se sentent investis d'une autorité qui en fait s'avère fragile, font des communiqués de victoires qui n'existent pas, tandis que pour les seconds la fermeture des grandes surfaces alentour n'est pas un objectif réaliste ni désirable. Ils continuent à veiller au bon passage des véhicules et à contribuer à la bonne ambiance que cela nécessite.

UN USAGE LIMITÉ DE LA PAROLE

Il faut aussi noter que pendant notre enquête nous n'avons jamais rencontré de militants partisans ou syndicaux se présentant comme tels. Beaucoup de commentateurs ont cherché par quel parti politique les Gilets jaunes étaient « tenus ». En réalité, aucune organisation politique ou syndicale française ne semblait disposer ni de la légitimité ni des effectifs sur tout le territoire pour encadrer une telle mobilisation. Parmi les références historiques évoquées dans les discussions figuraient Mai 68 (« J'espère que Macron va se prendre un bon Mai 68 dans la tronche »), les bonnets rouges, et surtout la Révolution française, mais la révolution russe et le communisme en étaient complètement absents.

Les Gilets jaunes présentent aussi cette particularité d'être une mobilisation faisant très peu usage de la parole, en jouant une sorte de « jeu du chat et de la souris » vis-à-vis du gouvernement : ni pancarte commune hormis le gilet jaune, ni porte-parole, ni mot d'ordre ou revendication largement partagée au-delà de la taxe sur le carburant, ni assemblée générale. Cet épisode observé sur le terrain était particulièrement révélateur de cette défiance par rapport à la discussion politique :

[Mercredi 21 novembre 2018, quatre jours après le premier samedi de mobilisation]
Un conseiller agricole indépendant d'une cinquantaine d'années présent sur le rond-point depuis le 17 novembre essaye d'organiser une « réunion » pour « discuter et se coordonner », notamment à propos d'un éventuel changement de rond-point pour « ne pas bloquer toujours la même zone et les mêmes commerçants et automobilistes ». Vers 16 heures, il passe donc à chaque entrée du rond-point pour proposer que la vingtaine de présents se rassemble sur le terre-plein central à 17 h 30, à côté du feu et du barnum récemment installé. Mais il se heurte à des oppositions : un cantonnier retraité lui indique ne pas vouloir lâcher le blocage de son entrée qu'il organise avec une barrière, un électricien d'une trentaine d'années un peu ivre lui rétorque que personne n'a à lui dicter ce qu'il doit faire, un gérant immobilier lui répond qu'il n'est pas le chef et qu'il ne voit pas pourquoi il faudrait changer de rond-point, et les sept lycéens agricoles sont sur le départ pour retourner à leur internat. Pour les trois premiers, les échanges sont assez tendus, de sorte que quelques autres présents, notamment une aide-soignante et une « commerciale à son compte », tentent d'apaiser les esprits. Mais rien n'y fait, tous restent sur

116

leur position et la réunion n'a donc finalement pas lieu, pas même avec ceux qui auraient été d'accord pour y participer. Cela met visiblement en colère le conseiller agricole qui part sur le champ du rond-point et que nous ne reverrons jamais.

Cet épisode témoigne des difficultés éprouvées au moment de mettre en place ce mode de coordination classique qu'est l'assemblée générale[1] et qui avait été au centre de Nuit debout. Ce contraste renvoie bien entendu aux différences de composition sociologique entre les deux mouvements, ce qui explique des usages de la parole assez distincts. Un changement est manifestement intervenu lors de l'assemblée des assemblées de Commercy en janvier 2019, qui rassembla quelques centaines de « délégués » de ronds-points de toute la France pour débattre pendant deux jours : elle mobilise un public assez différent de celui de l'ensemble des Gilets jaunes et peut s'interpréter comme l'ouverture d'une autre séquence politique plus ouvertement orientée à gauche[2]. À l'échelle de notre terrain, il est frappant que d'une part celui-ci y ait été très peu représenté puisqu'un seul des sept

---

1. Quentin Ravelli, « Les ronds-points, un chaos organisé. Les grappes de ronds-points comme structure politique souple », *Condition humaine/Conditions politiques*, n° 1, 2020.
2. Caterina Froio, Pedro Ramaciotti Morales, Jean-Philippe Cointet, Omer Faruk Metin, « It's not radical right populism! The Yellow Vests in France », 30 mars 2020. En ligne : www.sv.uio.no/c-rex/english/news-and-events/right-now/2020/its-not-radical-right-populism.html (consulté le 15 avril 2020) ; Quentin Ravelli, Zakaria Bendali, Loïc Bonin *et al.*, « Le gilet et le marteau. L'Assemblée des assemblées organise l'aile gauche des ronds-points », *Mouvements*, n° 101, 2020, p. 13-24.

ronds-points du département y envoya trois délégués autoproclamés. Leurs profils assez éloignés de ceux observés plus haut se rapprochent du public de Nuit debout : un jeune musicien précaire, un jeune travailleur social au chômage, et un éducateur en arrêt maladie engagé dans une association locale d'éducation populaire – tous trois sont orientés à gauche, voire libertaires.

L'ÉCHEC DE LA CONVERGENCE AVEC LES MOUVEMENTS DE DÉFENSE DES SERVICES PUBLICS, FEU CROISÉ DES COMMERÇANTS

Les Gilets jaunes ont parfois été interprétés comme un mouvement de défense des services publics dans les espaces ruraux et périurbains, que ce soit en termes d'accès aux soins de santé (fermeture de services hospitaliers tels que les maternités), à une desserte ferroviaire (réduction des horaires de passage des lignes régionales), à une école ou à un bureau de poste. Si on accepte l'idée que les Gilets jaunes sont majoritairement issus de ces territoires et donc directement concernés par cette tendance[1], alors on aurait pu pen-

1. Nous laissons ici de côté la question des effets redistributifs de cette politique publique, qui demeurent discutés. D'un côté, une frange dénonce la remise en cause de l'État social et l'égalité territoriale républicaine. De l'autre, les promoteurs de ces politiques publiques arguent de réduction de coûts et d'ajustement des services

ser qu'ils s'associeraient à ces mobilisations locales leur préexistant, même si la défense des services publics n'était pas leur revendication initiale et si la « haine des fonctionnaires » était bien présente chez certains. Or cette jonction n'a pas eu lieu, comme nous avons pu en faire l'expérience dès les premiers jours :

Dans une ville d'une dizaine de milliers d'habitants du centre de la France, depuis plusieurs mois déjà un collectif organise des actions contre la fermeture de la maternité locale[1] : justifiée par une logique de rationalisation budgétaire alors que la population du lieu diminue et vieillit, cette fermeture augmente le temps de parcours pour accéder à une maternité et compromet encore un peu plus la commune déjà marquée par la récente fermeture d'une base militaire[2]. Le collectif n'a pas d'affiliation partisane ou politique, est composé d'un noyau dur d'une trentaine de citoyens qui intègre d'autres membres par cooptation. Beaucoup sont engagés dans des associations d'animation socioculturelle en prise avec ce territoire rural (ferme pédagogique par exemple) et historiquement socialiste, travaillent dans les secteurs socio-éducatif (enseignants), environnemental (techniciens), culturel (musiciens notamment), ou bien sont des

---

au profit d'une population française dorénavant de plus en plus concentrée dans les villes.

1. Le nombre de maternités en France est ainsi passé de 835 en 1997 à 497 en 2019, selon les travaux du géographe de la santé Emmanuel Vigneron à partir des données de la Direction de la recherche, des études, et des statistiques (DREES) du ministère des Solidarités et de la Santé (voir https://reporterre.net/La-fermeture-des-maternites-symbole-de-l-abandon-des-petites-villes, consulté le 3 avril 2020).

2. Francesca Artioli, « Les politiques du retrait territorial de l'État. Réformes de la carte militaire et gestion des mobilisations locales (1989-2012) », *Gouvernement et action publique*, 2017, 6 (1), p. 81-106.

jeunes retraités de la fonction publique. Ils sont progressivement rejoints par des élus et membres de partis politiques.
Quelques jours avant le 17 novembre, sur la *mailing list*
de ce collectif, un échange de courriels avait circulé : quelle
position adopter vis-à-vis des Gilets jaunes qui appellent
au rassemblement ce samedi ? La question se pose d'autant plus que le soir même est prévue l'inauguration d'un
espace associatif pour « faire vivre la lutte ». Un militant
appelle à les rejoindre, en invoquant la question de la
désertification rurale, l'idée de « ne pas laisser les Gilets
jaunes à la droite », et d'élargir le collectif à des « milieux
sociaux qui y sont peu présents ». Mais cette proposition
ne remporte pas l'adhésion, bien au contraire : il ne faut
pas « se mêler au mouvement gloubi-boulga poujadiste du
17 », répond un jeune membre du collectif engagé dans
un parti d'extrême gauche ; « C'est sûr, le 17, ça fait le
buzz sur TF1, RTL, Europe 1 et M6, mais je pense que
c'est exactement l'inverse de ce que nous revendiquons :
là où ils prônent l'intérêt individuel, nous sommes sur le
social, là où ils fustigent l'impôt, nous questionnons sa
répartition, là où ils veulent se débarrasser du politique,
nous voulons le reconstruire... De plus, si la droite et certains milieux sociaux ne sont pas réellement représentés
dans le collectif, ce dont je doute par ailleurs, ce n'est
pas faute d'avoir ouvert la discussion et d'avoir intégré
tous ceux qui voulaient se joindre au combat. C'est simplement que c'est plus facile de râler devant sa télé que
de passer son temps à construire collectivement. Pour
terminer, il est évident que le rattrapage politique de ce
combat dont je n'ai toujours pas saisi les revendications
me semble bien nauséabond », répond un autre membre
du collectif, mettant ainsi fin au débat.
Le samedi soir a bien lieu comme prévu l'inauguration
d'un lieu pour « faire vivre la lutte ». Parmi les Gilets
jaunes du jour ne viendront qu'un jeune chômeur très

engagé dans le milieu associatif, deux artistes, ainsi que notre compagne et nous-même. Le contraste avec les Gilets jaunes est caricatural : la soirée s'ouvre sur des prises de parole de membres du collectif et d'élus locaux devant la presse, suivies par un buffet de victuailles bien différentes (produits bio, tarte maison, légumes) du barbecue de chips et de saucisses de l'après-midi.

La journée se termine pour nous par une pendaison de crémaillère avec des amis trentenaires et alternatifs (intermittents, travailleurs manuels volontairement à temps partiel), à défendre les Gilets jaunes accusés d'être des « cassos », pro-RN et des « casseurs » incultes.

Ce sont là autant d'indices de ce que Michel Dobry appellerait la « non-désectorisation » des Gilets jaunes, qui durera jusqu'au mois de janvier. La même absence de convergence s'observe pour un autre collectif d'une ville voisine défendant la desserte ferroviaire, qui sera soutenu par des Gilets jaunes mais qui jamais n'envisagera une convergence. Ces non-ralliements ont pu être interprétés comme un « mépris de classe » entre des milieux sociaux qui se côtoient peu. Ce n'est que dans un second temps, quand les ronds-points seront abandonnés et que la mobilisation sera déclinante (Figure 7), que certains ralliements auront lieu, comme celui par exemple du jeune militant d'extrême-gauche qui s'était initialement opposé aux Gilets jaunes. Ceux-ci ont suscité une défiance de la part des gauches, le plus souvent en arguant de leurs liens présumés avec l'extrême droite, et ce malgré des appels à les rejoindre d'hommes politiques tels que François Ruffin ou Jean-Luc Mélenchon. Leur ambiguïté est à l'image de celle des maires, parmi lesquels se retrouve une large diversité de positions vis-à-vis des Gilets jaunes : beaucoup y étaient franchement hostiles, d'autres n'osaient pas aller directement à l'encontre de leurs administrés, tous ont concrètement contribué à « gérer la crise » sur le terrain en coopération avec le préfet départemental et à l'appel du président de la République.

En revanche, l'opposition des commerçants locaux ne se fit pas attendre : il est frappant que ceux de la zone commerciale des alentours obtinrent dès le mercredi 21 novembre 2018 un rendez-vous avec le préfet du département, comme en atteste la photo dans le journal local du lendemain montrant leur délégation (une dizaine de personnes) devant la préfecture. Ils furent finalement reçus par un représentant du préfet à qui ils firent part de leurs doléances vis-à-vis de l'effet très négatif des Gilets jaunes sur leurs commerces. Ils n'obtinrent pas d'expulsion, mais quelques jours plus tard un des deux ronds-points de la ville partit subitement en occuper un autre, sous la pression d'une grande surface riveraine selon ce qui se raconta alors sur le rond-point.

Par conséquent, les Gilets jaunes eurent à composer avec le non-ralliement, voire la franche opposition, des mouvements de défense de services publics locaux (trains, hôpitaux, bureaux de poste), des maires et des commerçants alentour – mais pas de leurs salariés qui y étaient engagés en dehors de leurs heures de travail.

L'ancrage des ronds-points dans des mobilisations antérieures et dans des modes de vie

La sociabilité et l'interconnaissance qui se sont progressivement développées sur les ronds-points de Gilets jaunes ont parfois conduit à la formation de petits groupes prenant part à d'autres actions, comme par exemple « monter à Paris en manif ». Une incertitude subsiste néanmoins sur ces manifestants[1] : d'un côté, cela semble un faire-valoir militant pour les plus mobilisés ; de l'autre, beaucoup ne sont pas en mesure d'en affronter les risques (craintes pour son véhicule, par exemple) et le coût (transport, parfois hébergement), et enfin ces déplacements n'étaient pas toujours ouvertement partagés par peur de la répression. Mais il est certain que pour beaucoup de Gilets jaunes des ronds-points les manifestations étaient plus difficiles à investir – hormis pour certaines catégories

---

1. Les questionnaires de l'enquête collective nationale passés dans les manifestations parisiennes font état d'une certaine diversité, et sont difficiles à interpréter du fait des conditions de passation (gaz lacrymogène, charges de la police, mouvements désordonnés). Une étude serait possible à partir de sources judiciaires, mais celles-ci sont biaisées car ce ne sont pas forcément les plus engagés dans la manifestation qui se font arrêter par les forces de l'ordre.

particulières, telles que les anciens militaires retraités ou congédiés qui trouvaient à s'employer dans le service d'ordre. C'est peut-être cette méconnaissance qui permettait à beaucoup de Gilets jaunes de réellement espérer « aller chercher Macron [à l'Élysée] », en référence à sa déclaration en juin 2018 dans le cadre de l'affaire Benalla : « [...] le seul responsable, c'est moi, qu'ils viennent me chercher », laquelle donna aussi lieu à ce slogan entonné en manifestation : « Emmanuel Macron, ô tête de con, on vient te chercher chez toi ! »

Dans un milieu rural comme celui de l'enquête, l'aspect convivial et chaleureux des ronds-points a plutôt amené les Gilets jaunes à privilégier les points de rassemblement où « on est sûr de trouver du monde » – quitte à délaisser le rond-point le plus proche de chez soi. Cela explique le regroupement des effectifs sur quelques ronds-points, dès le lundi suivant le 17 novembre, ce qui a paradoxalement nui à l'objectif stratégique de « bloquer l'économie ». Mais c'est aussi ce qui explique que la mobilisation initiale ait pu perdurer durant des semaines, voire au-delà de janvier 2019, notamment grâce à l'installation sur un terrain privé à proximité. Nous avons observé deux cas de ce type dans notre département, mais à chaque fois avec des effectifs très restreints autour d'un noyau dur de personnes précaires très engagées sur le rond-point.

D'un point de vue plus directement politique, les occupations de ronds-points sont originales par rapport au répertoire d'actions français, notamment en termes d'usage de la parole, de plasticité à l'égard de clivages politiques traditionnels, ou des manières de faire de la politique. D'où les analyses en termes de « nouveaux venus » ou de « révolte protopolitique[1] » qu'en ont faites les médias et les enquêtes par sondage. Mais l'enquête suggère qu'il faut aussi relativiser cette nouveauté : ces ronds-points peuvent également s'interpréter comme la résultante d'un enchevêtrement de mobilisations antérieures ou concomitantes qui étaient en partie passées « sous les radars », et plus portées par des « initiateurs » individuels que par des institutions. D'une part, il s'agit de mobilisations antérieures déjà rattachées à la régulation du trafic routier : les « bonnets rouges » (2013) dont les Gilets jaunes fournissent l'occasion de relever qu'ils n'ont pas opéré qu'en Bretagne, ou la protestation contre la limitation de vitesse à 80 km/h (2018). D'autre part, il faut tenir compte de mobilisations concomitantes, telles que celle des retraités contre la CSG dès l'été 2018, ou bien de mobilisations sectorielles telles que celles du secteur du soin, compris dans un sens élargi allant des infirmières et ambulanciers jusqu'aux aides à domicile ou employés d'EHPAD, mais aussi des inquiétudes professionnelles des chauffeurs ou des ouvriers industriels quant à l'avenir de leur emploi, des réformes du recrutement dans l'armée, de la stagnation des traitements pour les « agents municipaux » (autrement dit, les cantonniers et « agents d'entretien »), ou encore de mobilisations en cours liées au statut de handicapé. La forte présence de ces acteurs sur les ronds-points en atteste clairement. Ainsi, tous ces

---

1. Gérard Mauger, *L'Émeute de novembre 2005. Une révolte protopolitique*, Vulaines-sur-Seine, Éditions du Croquant, 2006.

éléments suggèrent que les occupations de ronds-points peuvent aussi être pensées comme un « mouvement de mouvements ». En ce sens, et pour reprendre le cadre conceptuel d'Ernesto Laclau, le Gilet jaune a pu apparaître comme un « signifiant flottant », c'est-à-dire une agrégation de demandes sociales insatisfaites qui, à un moment donné, constituent un front apparemment commun. Ces mouvements ont fourni concrètement des précédents, décisifs en termes de réseaux mobilisables, de sentiment de légitimité, et en s'articulant avec des expériences pratiques.

En effet, les ronds-points ont aussi été une sorte de réceptacle d'un ensemble de savoir-faire qui ont été directement mis en œuvre dans ce type d'action, et qui font que les participants ont pu s'y sentir à l'aise, s'organiser et faire face à un enjeu immédiat de coordination minimale et de cohabitation au sein même du rond-point, et même y éprouver certaines formes de plaisirs collectivement partageables. On mesure ici tout le contraste entre ce type d'engagement et celui qui est bien souvent requis dans le cadre partisan ou syndical, quelle qu'en soit l'orientation politique. Sur les ronds-points, point de ligne doctrinale, de lecture incontournable, ou d'exclusions – autant de jugements qui ne sont pas sans rappeler le système scolaire, avec lequel les Gilets jaunes apparaissent distants. Ceux-ci empruntent plutôt à différents registres d'interactions et d'activités qui leur sont manifestement familiers : le barbecue convivial d'une association ou d'une réunion familiale, le bénévolat associatif avec la collecte d'aliments en supermarché, le maniement de la tronçonneuse, et bien entendu une connaissance de la mécanique et de la régulation du trafic routier. Tous ces registres sur lesquels a pris appui la mobilisation sont congruents avec les milieux socioprofessionnels qui s'y trouvent engagés. Cette base sociale est composite, mais demeure finalement assez délimitée, ce qui suggérerait de ne pas parler de « crise politique » au sens de Michel Dobry dès lors que la désectorisation est demeurée restreinte, du moins si l'on en juge d'après la dimension professionnelle[1]. Ainsi, il faut noter que certains milieux socioprofessionnels se distinguent par leur absence : les ouvriers de l'artisanat (souvent en petite entreprise), les enseignants, les agriculteurs et notamment le syndicalisme agricole conventionnel (FNSEA) qui n'a jamais appelé à la mobilisation en faveur des Gilets jaunes – selon deux des agriculteurs retraités venus sur le rond-point, cette absence de soutien est liée à la tenue d'élections syndicales agricoles à l'hiver 2018. Du reste, les agriculteurs bénéficient d'un carburant spécial moins onéreux, appelé familièrement « le rouge », interdit pour leurs véhicules non agricoles, et auquel n'est pas appliquée la taxe sur les carburants – contrairement à la « taxe carbone » à l'origine des « bonnets rouges » qui les concernait directement.

Cette composition sociologique des Gilets jaunes sur les ronds-points est donc à la fois hétéroclite et particulière, ce qui suggère que leurs griefs dépassaient

---

1. Dobry a une vision plus englobante des secteurs que la seule dimension professionnelle, mais il ne donne pas d'indication claire quant à leur définition. Celle-ci est en fait à élaborer dans le cas de chaque crise politique, à la croisée des professions, mais aussi plus largement des milieux sociaux et militants.

le strict retrait de la taxe sur le carburant : ils renvoient à un ensemble beaucoup plus vaste de pratiques et de modes de vie que nous allons maintenant aborder à travers le prisme des budgets de famille.

Catégories socioprofessionnelles des Gilets jaunes

Nous nous sommes rendu compte, au fur et à mesure que nous passions du temps sur les ronds-points, de la récurrence de certaines professions, par exemple « aide à domicile » pour les femmes ou « routier » pour les hommes. Afin d'objectiver les particularités de cette distribution professionnelle, nous avons utilisé la nomenclature des professions et catégories sociopro-fessionnelles (PCS), couramment utilisée en sociologie comme outil de description du monde social. Pour cela, nous avons recueilli un verbatim de situation professionnelle, saisi de manière ouverte puis recodé à la main de manière de plus en plus agrégée (de la PCS à quatre chiffres, soit 486 postes, à celle à un chiffre, soit six postes) pour notre enquête comme pour celle à l'échelle nationale.

Coder ainsi la PCS des personnes interrogées conduit toujours à un certain nombre d'arbitrages, d'autant qu'elle ne faisait pas l'objet d'un module spécifique dans le questionnaire de l'enquête natio-nale (le secteur d'activité notamment n'était parfois pas bien renseigné), contrairement à celui que nous avions passé à Nuit debout place de la République à Paris qui documentait plus largement cette dimension professionnelle. Du reste, les choix auxquels nous avons été confronté sont différents de ceux rencontrés pour le codage des PCS des nuit-deboutistes. Néanmoins, 902 questionnaires ont fait l'objet d'un double codage, par nous-même et Théo Grémion puis par Antoine Bernard de Raymond, et il ne donne lieu qu'à un taux de changement de 8 % au niveau le plus désagrégé et nul pour les niveaux plus synthétiques.

Dans le cas des Gilets jaunes, beaucoup d'entre eux se disent ainsi « agents » (« agent de maîtrise », « agent d'entretien », et surtout « agent territorial ») sans qu'il soit toujours facile de voir ce que cet intitulé recouvre, notamment en termes de qualification. Ainsi, la distinction entre « ouvriers qualifiés » (PCS 62-63) et « ouvriers non qualifiés » (PCS 67-68) n'est-elle pas toujours évidente et a été tranchée à partir de la compétence : par exemple, un « soudeur » (sans plus de précision) est présumé ouvrier qualifié (PCS 623c), mais cette logique est problématique pour un « magasinier » qui peut être considéré comme « magasinier qualifié » (PCS 653a), « manutentionnaire non qualifié » (PCS 676a), voire « employé de libre-service du commerce et magasiniers » (PCS 551a), ce qui est d'autant plus problématique que les niveaux de qualification dans la logistique ont beaucoup évolué au cours de cette dernière décennie. La différence peut paraître ténue, mais sur le terrain elle doit être bien connue des intéressés. Pour les agriculteurs, nous n'avons pas été capable de faire des distinctions, ce qui est bien dommage puisqu'on peut supposer que les Gilets jaunes furent rejoints par certains types d'agriculteurs (le syndicat agricole majoritaire et défenseur de l'agriculture conventionnelle, la FNSEA, n'appela jamais à rejoindre les rassemblements). Quant aux quelques comptables présents dans l'échantillon (N = 8) et qui peuvent être rattachés à trois PCS distinctes (cadres, professions intermédiaires ou employés) selon leur niveau d'expertise, nous avons utilisé leur niveau de diplôme. Parmi les cas originaux par rapport au reste de l'échantillon, on compte un « ethnologue au chômage » et un « journaliste correspondant sportif [d'un quotidien régional] ».

De manière à jauger les spécificités socioprofessionnelles des Gilets jaunes (raisonnement en termes de sous-représentation ou de surreprésentation de certaines professions), nous les comparons avec l'ensemble de la société française grâce à l'enquête « Formation et qualification professionnelle » (FQP, INSEE, 2016), ce qui implique de ne prendre en compte que les actifs (c'est-à-dire chômeurs et occupés) et réduit d'autant les effectifs. Ceux-ci sont certes restreints (quelques centaines d'individus), mais ce codage permet de les caractériser à un niveau assez fin et nous allons voir que les principaux écarts sont suffisamment importants pour pouvoir être interprétés. En ajoutant les Gilets jaunes retraités (plutôt de jeunes retraités), dont certains ont mal renseigné leur PCS et au prix d'une distorsion par rapport à FQP qui ne porte que sur les actifs, les résultats sont similaires. Enfin, la distribution est distinguée selon le genre (Figure 12).

Figure 12. – Répartition des personnes rencontrées par catégorie socioprofessionnelle à deux chiffres et par sexe[1]

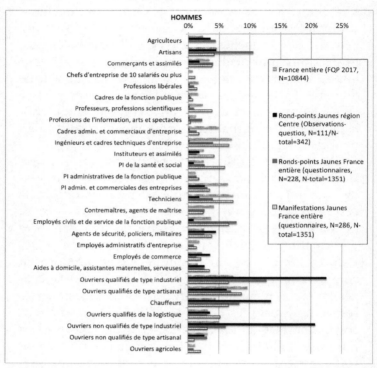

1. Sources : enquête FQP, INSEE, 2017 ; enquête de terrain, 17 novembre 2018-10 janvier 2019, Pierre Blavier ; enquête nationale collective par questionnaire du collectif Jaune vif. Champ : ensemble des actifs dont la catégorie socioprofessionnelle à deux chiffres a pu être identifiée. Lecture : sur les ronds-points enquêtés dans le centre de la France, la part des agriculteurs parmi les hommes actifs présents (16-65 ans) était de l'ordre de 4 %. Les effectifs totaux sont ceux des enquêtes respectives. PI : professions intermédiaires (PCS 4).

Catégories socioprofessionnelles...

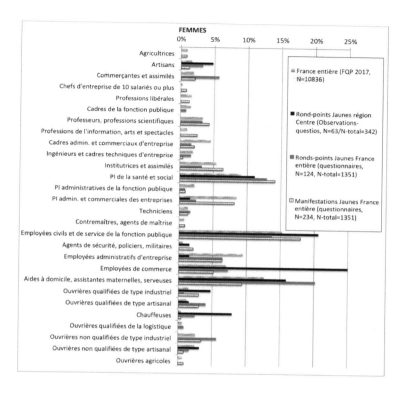

Seconde partie

Une réaction à l'offensive contre les budgets de famille

La situation de nos concitoyens ? C'est vite vu. Il suffit d'être en couple avec deux CDI, un crédit maison et un crédit voiture, pour ne pas pouvoir se permettre la moindre traite impayée, sinon c'est le cercle vicieux de la débine qui se met en route et on se retrouve avec le couteau sous la gorge... ou six pieds sous terre. Alors, ceux qui n'ont qu'un seul salaire, ou les aides sociales, ou bien celui qui est patron d'une petite boîte avec des taxes à outrance, je vous laisse imaginer. Tellement de gens vivent cette inquiétude continuelle...

(Maxime Nicolle, *Fly Rider*, *Gilet jaune*, *op. cit.*, p. 143)

La rébellion partit d'un grand nombre de conciliabules. Que voulaient les paysans ? Vivre à leur guise, rejetant tout contrôle, et que l'on ne levât pas de taxes pour l'usage des grands bois, des eaux courantes : ils protestaient contre l'établissement d'une nouvelle fiscalité.

(Georges Duby, *Le Moyen Âge*, Paris, Hachette, 1998, p. 80)

Les budgets de famille du point de vue des intéressés

Pour les recherches sur la pauvreté, le mouvement des Gilets jaunes est peut-être appelé à faire date, car il a conduit à un constat paradoxal. D'un côté, il était manifeste que la question des conditions de vie y occupait une place centrale, perceptible à travers les revendications le plus souvent exprimées (« contre la taxe sur le carburant », « pour plus de justice sociale », etc.) comme dans la composition sociologique des participants marquée par l'absence de cadres, des niveaux de revenus inférieurs à la moyenne nationale, et un taux de chômage plus élevé (voir la première partie de cet ouvrage). Plusieurs contributions à chaud, emboîtant le pas de l'exaspération des Gilets jaunes et de leurs revendications, ont alors pointé la place centrale des conditions de vie et de différentes formes d'inégalités – de territoires[1], de revenus[2], d'impôts et de « pouvoir

---

1. Aurélien Delpirou, « La couleur des gilets jaunes », *La Vie des idées*, 23 novembre 2018 ; Samuel Depraz, « Fracture(s) territoriale(s) et gilets jaunes », *Historiens & géographes*, 2019, n° 446.

2. Pierre Merle, « Sentiment d'injustice et révolte sociale », *La Vie des idées*, 29 janvier 2019.

d'achat »[1] – qui font écho à des parutions récentes[2] ou à une dénonciation plus globale du néolibéralisme. Beaucoup ont souligné à juste titre un « retour du social[3] » aux dépens du « sociétal » initié par Mai 68, dix ans après la crise mondiale de 2008 et dans la lignée d'autres changements politiques à l'échelle européenne (essor de nouveaux partis-mouvements, vote pour le Brexit, montée de l'extrême droite et du « populisme »).

Cette interprétation est sans doute juste, mais, d'un autre côté, les extrêmes de la distribution des niveaux de vie sont peu présents dans les Gilets jaunes, avec une hétérogénéité difficile à cerner. En tout cas, les Gilets jaunes ne semblent pas vraiment correspondre aux franges les plus pauvres de la société française, sans quoi la mobilisation aurait vraisemblablement été encore plus importante. En outre, le taux de pauvreté en France, qu'il soit mesuré de manière monétaire (60 % du revenu médian par unité de consommation) ou en termes de conditions

1. Igor Martinache, « L'impouvoir d'achat », *La Vie des idées*, 7 mai 2019 ; Samuel Depraz, « La France contrainte des Gilets jaunes », *AOC*, 12 décembre 2018 ; Samuel Hayat, « Les Gilets jaunes, l'économie morale et le pouvoir », 5 décembre 2018 (en ligne : https://samuelhayat. wordpress.com/2018/12/05/les-gilets-jaunes-leconomie-morale-et-le-pouvoir).

2. Thomas Piketty, *Capital et idéologie*, Paris, Seuil, 2019 ; Alexis Spire, *Résistances à l'impôt, attachement à l'État*, Paris, Seuil, 2019.

3. Gérard Noiriel, *Les gilets jaunes à la lumière de l'histoire. Dialogue avec Nicolas Truong*, La Tour d'Aigues, Editions de l'Aube, 2019 ; Danièle Sallenave, *Jojo, le gilet jaune*, Paris, Gallimard, « Tracts », 18 avril 2019, p. 30 ; Emmanuel Todd, *Les Luttes de classes en France au XXIe siècle*, *op. cit.*

de vie (indicateurs européens de précarité), demeure à peu près constant autour de 14 % depuis plus d'une décennie[1]. De même, le pouvoir d'achat n'a pas décliné, bien qu'il n'augmente plus[2]. Depuis l'élection d'Emmanuel Macron en 2017, des réformes telles que la hausse de la CSG ou la suppression de l'ISF ont modifié sa distribution aux dépens des plus modestes. Ces changements et leurs effets globalement régressifs sur la distribution des revenus ont été mis à jour par l'étude de Pierre Madec *et al.*[3], mais demeurent somme toute d'ampleur restreinte. En tout cas, comme nous l'avons vu pour la taxe sur le carburant en première partie, ils apparaissent trop faibles pour expliquer le déclenchement d'une telle révolte. Comme le suggère également la sociologie des mouvements sociaux[4], l'explication de cette mobilisation en termes de déclin global du niveau de vie ne semble donc pas convaincante, du moins si on se fie aux données et indicateurs disponibles grâce au système de la statistique publique.

1. Source : enquête SRCV, INSEE, 2004-2018.
2. Julien Blasco, Sébastien Picard, « Quarante ans d'inégalités de niveau de vie et de redistribution en France (1975-2016) », *Insee Références*, 2019.
3. Pierre Madec, Mathieu Plane, Raul Sampognaro, « Budget 2018 : pas d'austérité mais des inégalités », Sciences-Po, *OFCE Working Paper*, 2018.
4. Charles Tilly, « Essay-review: Reflections on the revolutions of Paris. An essay on recent historical writing », *Social Problems*, 1964, vol. 12, n° 1, p. 99-121 ; Rod Aya, *Rethinking Revolutions and Collective Violence*, Het Spinhuis, Amsterdam, 1990, chap. 3 « Against the volcanic model », p. 46-49 ; Michel Dobry, *Sociologie des crises politiques*, Presses de SciencesPo, 2009 [1987], chapitre 2, « L'illusion étiologique », p. 46-57.

Nous proposons d'aborder ce paradoxe[1] par le biais des budgets de famille, entendus comme l'ensemble des manières monétaires et non monétaires, temporelles et spatiales, à la croisée de dimensions comme le travail, les transports, ou les goûts, qui permettent aux ménages de Gilets jaunes de « joindre les deux bouts ». Cela suppose de s'intéresser plus largement à leurs modes de vie : ils ont jusqu'ici fait l'objet de peu d'attention, même si certains aspects étaient déjà visibles sur les ronds-points (voir la première partie de cet ouvrage), ou lisibles dans des descriptions littéraires[2], mais en laissant plutôt de côté la dimension socio-économique.

Essayer de produire une représentation réaliste des aspects pratiques de la vie économique domestique et de leurs évaluations[3] a donc constitué le fil directeur de cet autre versant de l'enquête[4]. Il s'agit de restituer les tensions et choix auxquels sont confrontés des citoyens tels que les Gilets jaunes, que ce soit en matière d'immobilier, d'emploi, de transport, ou de choix électoraux. Pour cela, nous nous sommes

1. Hervé Le Bras, *Se sentir mal dans une France qui va bien*, La Tour-d'Aigues, Éditions de l'Aube, 2019.
2. Nicolas Mathieu, *Leurs enfants après eux*, Arles, Actes Sud, 2018 ; Aymeric Patricot, *Les Petits Blancs*, Paris, Seuil, 2016 [2013] ; Danièle Sallenave, *Jojo, le gilet jaune, op. cit.* ; Éric Chauvier, *La Petite Ville*, Paris, Éditions Amsterdam, 2017 ; Éric Chauvier, *Laura*, Paris, Allia, 2020 ; Gérard Delteil, *Les Écœurés, op. cit.*
3. Alain Cottereau, « Ne pas confondre la mesure et l'évaluation », *Politique sociale et familiale*, 2016, n° 123, p. 11-26.
4. Pierre Blavier, "The Yellow Vests Roundabout Revolt, seen through the lens of household budgets", *Socio-Economic Review* (à paraître).

inspiré de l'ethnocomptabilité élaborée par Alain Cottereau et Mokhtar Mohatar Marzok dans *Une famille andalouse. Ethnocomptabilité d'une économie invisible* (2012). Celle-ci se définit comme une « anthropologie de l'évaluation » ou une « comptabilité contextuelle », qui vise à « prendre en compte ce que les gens prennent en compte » (p. 14)[1]. Il ne s'agit donc pas de faire une étude de marché ou de comptabilité, mais plutôt de comprendre comment une famille « joint les deux bouts », et donc les dispositifs, les évaluations, les arbitrages que cela suscite au sein du ménage. L'objectif est de cerner les agencements sur lesquels repose concrètement le budget, et de les mettre en regard avec les évaluations que les intéressés leur portent plutôt que de ne travailler qu'à partir d'opinions non rapportées à des faits objectifs.

Cette démarche permet aussi d'articuler concrètement mobilisation politique et situation économique. Ainsi, nous nous appuyons principalement sur le cas de José, ce mécanicien de 50 ans dont nous avons vu en ouverture de la première partie qu'il était très engagé dans les Gilets jaunes, à son aise pour réguler le passage avec son frère Dominico, âgé de 55 ans et ouvrier laveur « au SMIC depuis 32 ans » dans une laverie. Nous les avons revus, d'abord au cours de longs échanges informels sur le rond-point et avec le gilet sur le dos, puis en révélant notre position d'enquêteur

---

1. Pour une présentation plus détaillée, voir Alain Cottereau et Mokhtar Mohatar Marzok, *Une famille andalouse. Ethnocomptabilité d'une économie invisible*, Saint-Denis, Bouchène, 2012, Introduction, p. 7-18.

à l'occasion d'entretiens enregistrés au café puis chez l'un d'eux. Ils sont d'origine portugaise, leurs parents ayant fait partie de la vague d'immigration dans la région au début des années 1970 : leur mère femme au foyer est décédée, leur père travailla comme « maçon au SMIC » toute sa vie et est aujourd'hui retraité au Portugal. Les deux frères ont manifestement connu la pauvreté, d'abord dans le Portugal encore très rural des années 1960, puis en France où, selon leurs dires, « nous avions une mandarine à Noël et c'était tout » et « nous nous passions la sardine pour la frotter sur le pain et lui donner du goût ». Cela donne une idée de l'essor réel des conditions de vie qu'a connu une telle famille au fil des décennies. Outre Dominico, José a une sœur qu'il voit peu et deux autres frères : Nino, lui aussi âgé d'une cinquantaine d'années, handicapé disposant d'une pension (750 euros mensuels), et l'aîné, que nous avons brièvement rencontré au café, ouvrier récemment retraité d'une usine métallurgique locale. Enfin, nous disposons hélas de peu d'informations de première main sur la femme de José qui, tout comme leur fils, n'est jamais venue sur le rond-point et qu'il ne nous a pas fait rencontrer – ce que nous regrettons car cela aurait permis de récolter son point de vue et de mieux documenter le versant féminin de leur budget. Le point important est que l'engagement des deux frères sur le rond-point peut ici être concrètement relié au budget, qui a constitué pour nous comme un traceur, une porte d'entrée, dans les économies domestiques des Gilets jaunes vis-à-vis desquelles il peut être situé. Plutôt que de parler d'emblée d'« économie morale[1] » ou de la place des facteurs économiques dans cette révolte, qu'est-ce que celle-ci révèle des enjeux socio-économiques marquant les milieux sociaux engagés dans les Gilets jaunes ?

Cette question ne peut sans doute pas être tranchée à partir d'un seul cas qui, aussi approfondi soit-il et en dépit de l'étude longue et délicate que cela nécessite, laisse peut-être dans l'ombre différents aspects[2]. Ainsi, une critique récurrente des enquêtes par cas est de ne pas être « représentative » et de ne pas suffisamment situer sociologiquement les personnes enquêtées. Cet argument est discutable, dans la mesure où il faudrait préciser si le cas est comparé par rapport à l'ensemble de la société française ou par rapport aux autres Gilets jaunes, et selon quels critères pertinents. C'est la raison pour laquelle nous l'inscrirons dans un ensemble plus large de Gilets jaunes en mobilisant des matériaux supplémentaires. Mais l'enjeu est moins de rechercher une vaine représentativité que de raisonner de manière la plus exhaustive possible sur un périmètre raisonné. Or celui-ci n'est pas établi *a priori* : identifier tous les éléments qui, mis bout à bout, « tiennent » un budget de Gilet jaune constitue justement la trame de l'enquête. En l'occurrence, nous verrons au fur et

---

1. Du reste, cette expression est tronquée (« économie morale de la foule »), et plus souvent entendue en termes d'« économie politique », soit dans un sens un peu différent des descriptions et conceptualisations d'E. P. Thompson. À ce sujet, voir Simona Cerutti, « Who is below? », *Annales*, 2015, n° 4, p. 931-956 ; et dans le cas particulier des Gilets jaunes, voir Xavier Vigna, « Ils inventent leurs propres codes », *Le Parisien*, 26 novembre 2018.
2. Jean-Claude Passeron, Jacques Revel (dir.), *Penser par cas*, Paris, EHESS, 2005.

à mesure que José et sa famille concentrent de nombreux traits caractéristiques, nous permettent de repérer les nœuds budgétaires auxquels sont confrontés beaucoup de Gilets jaunes, et de monter en généralité sur leurs modes et conditions de vie. Ils constituent un cas typique qui fait avancer la connaissance en saisissant les questions qui structurent les économies domestiques et leurs éventuels points de (dés)équilibre. L'objectif de « pister » ces derniers, en fonction de leur importance plutôt que d'une grille préconçue, a constitué à la fois le point de départ de l'enquête et son arrêt au moins provisoire, puisqu'à partir de septembre 2019 José n'a pas souhaité continuer plus avant dès lors que nous découvrions ce qu'il appelle le « système D » et dont la compréhension aura finalement été un fil directeur de l'enquête[1].

Un premier aperçu monétaire du budget de ce ménage permettra de présenter (chapitre 1) les situations professionnelles et de revenus des différents membres du ménage (un couple et son fils majeur), ainsi que le poids exorbitant des « dépenses préengagées ». Celles-ci, qui renvoient pour l'essentiel aux trajectoires immobilières, aident à comprendre l'expression « On peut pas s'écarter », si souvent entendue sur les ronds-points. Surtout, cette situation implique différents trucs et astuces (chapitre 2), concernant autant la gestion de ressources que des

---

1. De ce point de vue, cette relation d'enquête aura été ambivalente de la part de José, entre d'un côté le plaisir manifeste de susciter l'intérêt d'un universitaire pour son histoire et son organisation socio-économique, et de l'autre une volonté de ne pas en donner trop de détails précis.

formes alternatives de revenus, le système D évoqué à l'instant. Le budget automobile (chapitre 3) constitue également un enjeu central, sur lequel se sont concentrés des changements de politiques publiques ces dernières années depuis le contrôle technique jusqu'aux limitations de vitesse. En ce sens la mobilisation des Gilets jaunes peut s'interpréter comme la réponse populaire à une offensive sur les budgets de famille.

CHAPITRE 1

Présentation du budget monétaire déclaré et de ses enjeux

La Figure 13 présente un aperçu synthétique du budget de José (50 ans), son épouse Sylvie (47 ans) et leur fils cadet Maxime (21 ans), soit un ménage selon la définition de l'INSEE[1]. Toutefois, cette première présentation est partielle et sans doute aussi partiale parce qu'elle ne se base que sur les dires du mari, parce qu'elle renseigne uniquement le versant monétaire déclaré, parce que les montants sont mensualisés, et parce qu'elle agrège les dépenses des deux membres du couple qui en réalité prennent chacun en charge certaines d'entre elles. En outre, elle repose essentiellement sur une base déclarative car nous n'avons pas pu vérifier les sommes évoquées directement sur contrat ou facture : si celles-ci sont vraisemblables et nous permettent donc de reconstituer la structure budgétaire du ménage étudié, elles ne sont pas pour

---

1. Même si elle peut être adoptée en première approche, cette définition comme « l'ensemble des occupants d'un même logement » restreint le périmètre du ménage à sa cellule la plus nucléaire, ce qui paraît discutable dès lors que celle-ci et son budget s'inscrivent en réalité dans de nombreux liens familiaux, en l'occurrence la fratrie mais aussi les parents des deux époux.

autant exemptes d'approximation ou de changements récents (par exemple sur la mutuelle de José qu'un nouvel accord d'entreprise va modifier, ou sur la taxe d'habitation dont la suppression est prévue).

Cet exercice de comparaison de ce ménage par rapport à un ensemble plus large à partir de l'enquête statistique nationale « Budget de famille » (INSEE, 2017)[1] permet de mieux situer ses particularités. Si le ménage étudié se situe dans la médiane nationale sur la plupart des coefficients budgétaires (transport, santé, etc.), sa spécificité est de dépenser moins en loisirs (5 % de ses dépenses, contre 11 % à l'échelle nationale, voir Figure 13), et plus en cigarettes (14 % contre moins de 1 % à l'échelle nationale), et pour se loger (32 % contre 23 %). Cette première mise à plat constitue une bonne porte d'entrée vers trois aspects structurants : les trajectoires professionnelles qui déterminent les revenus salariaux dont dispose le ménage, l'importance frappante des « dépenses contraintes », et sa trajectoire résidentielle.

---

1. Cette opération conduit à relever les conventions de l'enquête « Budget de famille », qui est très riche mais néglige par exemple les comportements d'épargne et manque d'informations sur les crédits immobiliers et leurs remboursements (distinction entre capital, intérêts et échéances, etc.).

**Figure 13. – Revenus et dépenses monétaires
déclarés du couple de José[1]**

Sources de revenus	Montant (mensuel, €)	Poste de dépense (synthétique)	Montant (mensualisé, €)	Part des dépenses effectuées (ordre décroissant)	Coefficient budgétaire médian pour les ménages de l'enquête budget de famille (n=15944)
Salaire net mensuel du mari José	1 700	Logement	828	32 %	23 %
Salaire net mensuel de sa femme Sylvie	1 174	Transport (automobile)	300	12 %	8 %
		Alimentation	480	19 %	15%
		Cigarettes	355	14 %	0 %
		Loisirs (dont restauration)	128	5 %	11 %
		Téléphonie	90	3 %	3 %
		Assurances (automobile, domicile, mutuelle de santé)	400	15 %	13 %
Total	2 874	*Total*	2 581	100 %	
		Impôt sur le revenu	92		
		Reste à vivre du couple	201 (=2874–2673)	7 % (=201/2874)	

1. Sources : enquête de terrain, 24 novembre 2018-8 septembre 2019 ; enquête Budget de famille, INSEE, 2017.

À CHACUN SES SOUCIS PROFESSIONNELS

La carrière de José, sur fond de savoir-faire manuel et d'efforts physiques

Comme l'indique le tableau, le mari gagne actuellement un salaire de 1 700 euros net mensuels annualisés (hors impôts sur le revenu, pas encore prélevés à la source au moment de l'enquête). Pour cela, il travaille à temps plein (de 8 heures à 12 heures et de 13 heures à 17 heures du lundi au vendredi, soit 40 heures hebdomadaires, dont cinq rémunérées comme heures supplémentaires) comme mécanicien dans un garage affilié à une grande marque automobile. Lui et les dix autres salariés de l'entreprise sont spécialisés dans l'entretien, les réparations, et l'aménagement des camions lorsqu'ils sortent d'usine. Nous avons vu que ce type de professions liées à la mécanique était très engagé dans les Gilets jaunes (voir la première partie de cet ouvrage). En cela, José participe pleinement de la composition socioprofessionnelle des Gilets jaunes, en particulier masculine. D'ailleurs, un de ses collègues, magasinier de 25 ans en CDD, était également très impliqué sur le rond-point. Il y venait avec sa copine et leur dogue. José et lui s'étaient concertés pour y amener des palettes et des pneus issus de leur garage : nous avons assisté à de nombreux exemples de liens de ce type, ce qui confirme que la solidarité professionnelle constitue un des ressorts locaux de cette mobilisation.

Ce qu'il considère aujourd'hui comme un « bon salaire » a été acquis au cours d'une carrière professionnelle commencée il y a près de trente-cinq ans après avoir « arrêté l'école à 16 ans » (soit en 1985). Après divers « boulots » manuels, José a d'abord travaillé pendant vingt ans comme ouvrier dans une fabrique de moquettes. Il est licencié pour « raisons économiques » lors de sa fermeture en 2005. Il touche à cette occasion 45 000 euros d'indemnités de licenciement (dont 30 000 euros pour « préjudice »), qui constituent alors l'apport pour acheter, cette même année, la maison qu'ils occupent encore aujourd'hui (voir *infra*). Il faut noter que, si cela s'était produit actuellement, il n'en aurait pas bénéficié en raison du récent plafonnement des indemnités prud'homales adopté dans le cadre de la loi travail (ordonnances du 22 septembre 2017) : celle-ci plafonne les indemnités de licenciement abusif dont a bénéficié José. Jeune propriétaire, José travaille quelques années en intérim où, mettant manifestement à profit le savoir-faire en mécanique qu'il a acquis sur ses propres véhicules et en faisant des chantiers (voir *infra*), il n'a aucun mal à « trouver des missions ». Il gagne alors, selon son évaluation, « très bien [sa] vie » en contrepartie d'efforts physiques et d'horaires conséquents. C'est à cette période qu'il éprouve ses premiers problèmes d'épaule, à l'origine de l'arrêt de travail dans lequel justement il se trouve depuis plusieurs mois au moment des Gilets jaunes[1], et qui lui offre du temps pour s'y investir

---

1. Il tente alors de faire reconnaître ce problème comme maladie professionnelle.

même en pleine journée. En cela aussi il est loin d'être un cas isolé (voir la première partie de cet ouvrage), et cela renvoie à la question de l'usure physique sur laquelle nous reviendrons. Moins que la pauvreté proprement dite, c'est plutôt à ce genre d'arbitrage que sont confrontés beaucoup de Gilets jaunes : « Ça va, mais mon mari a fait le choix financier de travailler en trois-huit continus car il est sans diplôme et bientôt à la retraite », déclare ainsi une répondante à notre questionnaire.

C'est également ce qui explique que lui comme sa femme aient pris une « bonne couverture mutuelle », coûtant au total 120 euros mensuels et couvrant notamment ses arrêts de travail et ses lunettes. C'est enfin ce qui l'avait amené à négocier avec son garage actuel, dans lequel il effectuait déjà des missions d'intérim, un contrat à durée indéterminée (CDI) signé il y a sept ans. La négociation porta justement sur le salaire, pour lequel José voulait 1 550 euros assortis d'une évolution annuelle. Il obtint satisfaction sur la première revendication, mais moins sur la seconde puisqu'il n'est augmenté que d'environ 200 euros annuels chaque année (soit 16,66 euros par mois), ce qu'il juge insuffisant à la fois par rapport à la plus-value qu'il fait gagner à l'entreprise (« Faut voir ce qu'ils gagnent sur chaque camion ») et par rapport aux 1 500 euros qu'il gagnait déjà il y a douze ans à ses débuts dans l'intérim. Il faut noter que, comme c'est souvent le cas dans les petits établissements et en intérim, José a négocié individuellement sa rémunération, sans jamais être représenté par aucun syndicat (du reste absent de son entreprise). Au café,

lui et son frère se montrent ouvertement revendica-
tifs à cet égard, fiers de clamer à l'enquêteur qu'ils
ne s'en laissent pas conter par « le chef », et José
relie son engagement à celui de son beau-père qui
était représentant syndical. En creux, en les écou-
tant, on comprend que le contexte a changé, qu'il
semble désormais difficile de négocier collectivement
les salaires avec les employeurs, et ce pour différentes raisons : fort taux de chômage, faiblesse de la
représentation syndicale dans les petites entreprises
du privé (comme celle où travaille José), investisse-
ments de capitaux étrangers éloignés pour les grandes
entreprises.

Au reste, ce dernier paramètre de l'éloignement
spatial vaut également à l'échelle nationale, où les
ouvriers industriels périurbains, travaillant souvent
dans des unités de taille plus modestes, se plaignent de
ne pas pouvoir peser sur des échanges qui se déroulent
« avec les syndicats au siège à Paris ». Les négociations
avec l'employeur sont plutôt personnalisées avec le
directeur ou les services de RH locaux, sans intermé-
diaire, et s'articulent en réalité avec des enjeux de terrain tels que le rythme de travail (indexé sur le nombre
de camions à aménager par semaine), l'outillage (José
revendique par exemple un modèle de perceuse de
bonne qualité, maniable et à même de soulager ses
épaules), et ce que José appelle « la perruque » (« travailler à ton compte chez ton patron », c'est-à-dire en
utilisant pour ses affaires personnelles des matériaux,
des outils, l'électricité de son entreprise, etc.). Plusieurs
Gilets jaunes intérimaires nous ont également fait part
de cette question de l'outillage comme une de leurs

« galères » professionnelles. Pour un salarié tel que José, les possibilités de revendications salariales collectives sont *de facto* limitées : soit les négociations se font à l'échelle individuelle, soit elles concernent les conditions de travail au sens large. D'où l'enjeu des revenus alternatifs que nous aborderons *infra*. Cela fait plus largement écho au contexte contemporain de modération salariale[1] : de ce côté, les possibilités de revendications sont limitées.

Si nous avons ici précisé cette trajectoire professionnelle du mari, c'est d'abord parce que nous avons vu qu'elle comporte certaines caractéristiques communes à beaucoup d'autres Gilets jaunes, mais aussi parce qu'elle dévoile certaines ambiguïtés du caractère heurté dont on pourrait la qualifier d'un point de vue extérieur : d'un côté, elle est marquée par des incertitudes et une pénibilité physique réelle, de l'autre, elle permet l'acquisition d'un apport financier (« pactole »), puis de ce que José qualifie, au regard de son environnement familial et social, d'un « bon salaire ». Ce n'est qu'en prenant en compte ce type de paramètres qu'on peut comprendre le point de vue de beaucoup de Gilets jaunes sur leur situation professionnelle : accéder à la propriété privée nécessite d'accepter certaines formes de précarité en termes de statut (en intérim plutôt qu'en CDI) ou de conditions de travail (horaires, efforts physiques conséquents) pour compenser des niveaux de rémunération modestes

---

1. Rozenn Desplatz, Stéphanie Jamet, Vladimir Passeron, Fabrice Romans, « La modération salariale en France depuis le début des années 1980 », *Économie et statistique*, 2003, n° 367, p. 39-67.

ainsi que les difficultés d'accéder au crédit lorsqu'on n'est pas fonctionnaire et qu'on devient plus âgé.

La précarité professionnelle de la femme et du fils

Bien différentes sont les situations des deux autres membres du ménage.

Concernant la mère de famille, son mari nous a expliqué qu'elle était factrice à La Poste dans une commune voisine, mais « sans avoir le statut de fonctionnaire », d'où selon José son salaire au SMIC (1 174 euros mensuels par mois). Elle y connaît les réformes successives de rationalisation du travail qu'a connues l'entreprise ces dernières années[1] : ainsi, il lui a par exemple été signifié qu'elle pouvait faire sa tournée en vingt minutes de moins, ce qui la « révolte ». En effet, elle est d'autant plus sensible aux conditions et au droit du travail que feu son père était représentant syndical.

Quant au fils Maxime, âgé de 21 ans, il habite toujours chez eux, ce qui constitue une première forme de solidarité parentale, dont d'autres Gilets jaunes nous ont aussi fait part : beaucoup d'enfants d'ouvriers profitent de cette période de cohabitation pour « mettre de côté ». Comme son père, ce fils s'y connaît bien en mécanique, et a donc déjà travaillé pendant deux ans dans le même garage que ce dernier, d'abord comme

---

1. Nicolas Jounin, *Le caché de La Poste*, Paris, La Découverte, 2021.

intérimaire puis en CDI. Mais l'expérience n'a pas duré : il a connu consécutivement deux arrêts de travail longue durée (plusieurs mois) liés à un accident de moto puis à une rixe, ce qui a entraîné des tensions avec son employeur et conduit à une rupture conventionnelle négociée pour lui par son père. À l'hiver 2019, il est donc au chômage indemnisé (environ 900 euros par mois) pour quelques mois, mais, de manière un peu étonnante pour nous, il ne contribue pas au budget de la maison, d'où son absence de contribution dans la colonne « revenus », dont il bénéficie pourtant au travers de l'hébergement et de l'alimentation. Il a pour cela l'accord de ses parents : « C'est un ramier[1] à qui on paye tout ! Il économise pour s'acheter une voiture, mais surtout va beaucoup à la chasse avec ses copains, au motocross et au karting », nous dit José que cette situation fait sourire.

D'un point de vue professionnel, ce fils n'a fait aucune étude et est donc confronté au manque de perspectives des travailleurs non qualifiés de la région, d'où la problématique de devoir aller « de plus en plus loin » pour trouver du travail, en intérim ou comme salarié. Au moment de l'enquête, le fils avait réalisé deux missions d'intérim : l'une de seulement trois semaines dans un atelier d'entretien-réparation de camions de l'armée, d'où des problèmes d'indemnisation de la quatrième semaine que Pôle emploi n'a pas prise en charge, et l'autre d'une semaine dans la tannerie d'une ville située à trente kilomètres pour un travail

---

1. Le « ramier » est de la famille du pigeon, synonyme de « paresseux » en argot.

que José juge « très dur » (odeur, maniement de produits toxiques et de charges lourdes). Ce contexte de chômage des travailleurs non qualifiés peut en partie s'interpréter comme une crise de reproduction sociale : indirectement, il confronte des parents comme José aux limites de leur connaissance du tissu économique local et des possibilités d'y favoriser l'insertion professionnelle de leur(s) enfant(s), en particulier lorsqu'il faut « aller plus loin » pour trouver un emploi.

Par conséquent, la mère de famille et son fils sont concernés par différentes formes de ce qui pourrait être qualifié de « précarité ». Mais cette expression est imprécise car elle recouvre en réalité une assez grande diversité de paramètres, allant des statuts contractuels (intérimaire, salariée non statutaire) aux conditions de travail (pression à l'accélération des cadences, travail pénible), en passant par la faiblesse des rémunérations. Dans le cas du fils, celle-ci doit être mise en regard avec les questions de l'indemnité chômage et du coût de déplacements automobiles parfois conséquents pour pallier le déclin tendanciel du marché du travail local, caractérisé par peu de créations d'entreprise[1] et d'offres d'emploi, que la diminution des contrats aidés ces dernières années a encore réduites. Ces deux aspects des déplacements automobiles et des indemnités chômage sont actuellement concernés par des réformes de politiques publiques dont José est tout à fait conscient.

Cette mère et son fils ne sont pas des cas isolés. D'abord, cette situation est révélatrice de la distance

---

1. Source : INSEE régional, 2017.

qui existe entre les Gilets jaunes et le système d'enseignement. Parmi les trois membres du ménage, il est significatif que tous ont arrêté l'école dès que possible : aucun n'a de diplôme au-delà du brevet, comme c'est encore le cas de 10 % des 18-24 ans ayant achevé leur formation[1]. Leur cas renvoie à une rupture persistante entre certaines franges populaires de la société française et le système scolaire, source d'échec malgré sa démocratisation depuis plusieurs décennies. Toutes les enquêtes quantitatives corroborent le faible taux de diplômés du supérieur parmi les Gilets jaunes. Dans ces conditions, c'est sans surprise qu'aucune de leurs revendications ne concernait ce domaine ou celui de la culture légitime, comme l'ont noté Danièle Sallenave[2] et plus largement le monde enseignant dont il faut noter qu'il était complètement absent des ronds-points. Au contraire, pour défendre leurs propres revendications salariales et une meilleure reconnaissance de leur métier, les enseignants lancèrent leur mouvement des « stylos rouges », dont le nom lui-même rappelle à beaucoup de Gilets jaunes leur propre échec scolaire. Ensuite, la situation de la femme et du fils fait aussi classiquement écho à un contexte de chômage élevé : l'enquête nationale collective par questionnaire suggère que le taux de chômage au sein des Gilets jaunes des ronds-points était de l'ordre de 17 %, soit supérieur au taux national et à celui de ce département qui se situe autour de 10 %.

Les « galères professionnelles » étaient très répandues au sein des Gilets jaunes. Parmi les quatre-vingts

---

1. Source : ministère de l'Éducation nationale, 2016.
2. Danièle Sallenave, *Jojo, le gilet jaune, op. cit.*

à qui nous avons pu faire passer un questionnaire, cet enjeu de pénurie d'emploi et du recours non choisi à des formes d'emploi précaire (intérim, CDD, temps partiel contraint) a aussi été pointé à de nombreuses reprises dans les verbatim saisis de manière ouverte : « C'est dur de trouver, les boîtes ont fermé, faut être pistonné » (cariste intérimaire au chômage, CAP boucherie, 39 ans, en couple), « pas trouvé » (ouvrier non qualifié, chômeur depuis un an, 38 ans), « beaucoup d'intérim », « travail en chèque emploi-service comme aide à la personne et ménage mais pas assez d'heures donc pas assez », « j'ai fait plein de boîtes d'intérim, on me rappelle jamais », « plan de licenciement à [usine voisine], sur 135 licenciés seulement 35-40 ont retrouvé », « situation actuelle de chômage avec revenus très aléatoires ».

Ensuite, ce fils et la mère s'inscrivent à la fois dans des segments du marché du travail peu qualifié assez bien identifiés[1], et dans un ensemble en réalité très divers de « difficultés professionnelles » bien connues au sein des familles de Gilets jaunes. C'est notamment le cas de deux frères de José rencontrés sur le rond-point, l'un « ouvrier au SMIC depuis trente-deux ans », et l'autre handicapé accidenté du travail avec une pension de 750 euros complétée par une aide au logement (200 euros). Parmi les questionnaires que nous avons personnellement passés, plus de la moitié (55 %) répondirent par l'affirmative à la question « Par rapport à l'emploi, avez-vous galéré ces dernières années ? »

---

1. Thomas Amossé, Olivier Chardon, « Les travailleurs non qualifiés : une nouvelle classe sociale ? », *Économie et statistique*, 2006, n° 393, p. 203-229.

Invités à préciser en question ouverte la teneur de ces galères, leurs réponses se caractérisent par une forte diversité de formes de fragilités professionnelles : licenciements, contrats de courte durée (CDD, intérim), difficultés à trouver des missions d'intérim, des clients, un emploi en tant que handicapé, ou un emploi moins éloigné géographiquement, conditions de travail éprouvantes (sous-équipement, travail de nuit subi, cadences). Le questionnaire passé à l'échelle nationale ne disposait malheureusement pas de questions à cet égard, mais en recodant les verbatim de déclarations de situation professionnelle, il apparaît qu'au moins 13 % des actifs enquêtés sur les ronds-points sont touchés par de semblables conditions d'emploi, tout aussi diverses. Bien entendu, c'est peut-être moins cette précarité en tant que telle qui est frappante, puisqu'elle est déjà largement documentée par ailleurs, que son morcellement et le fait même que ces franges précaires de la société se soient mobilisées alors qu'elles apparaissent peu engagées dans des syndicats ou des partis politiques (voir la première partie de cet ouvrage).

LE POIDS DES « DÉPENSES PRÉ-ENGAGÉES »

Un second fait notable apparaît dans la Figure 13 : les dépenses pré-engagées, c'est-à-dire ici celles dont José sait d'avance qu'elles vont être réalisées chaque mois, reviennent à 93 % de leurs deux salaires cumulés (soit 2 874 euros mensuels net), ce qui a pour conséquence que le couple dispose d'un « reste à vivre » de l'ordre de 7 % (soit 201 euros) de ses revenus. Cette part doit contenir leur épargne, les imprévus, mais aussi certaines dépenses que José n'arrivait pas à chiffrer telles que « les vacances » hors du domicile, les vêtements, d'éventuelles contraventions routières, et tout loisir supplémentaire au-delà de la redevance TV, de deux tournées dominicales au café (soit 80 euros par mois) et d'une soirée en couple au restaurant (36 euros). José nous précise qu'il s'agit le plus souvent d'un restaurant chinois « buffet à volonté » situé d'ailleurs non loin du rond-point occupé. Les samedis soir, les petits restaurants du centre-ville paraissent bien vides par rapport à ceux de la zone commerciale en bordure de la ville, beaucoup plus grands et remplis.

Pour synthétiser, ce dénombrement permet donc d'observer que leurs marges de manœuvre sont pour le moins restreintes : « On peut pas s'écarter », selon l'expression de José et de beaucoup de personnes rencontrées sur les ronds-points. Dans ces conditions, on comprend que de tels ménages cherchent à limiter les imprévus, ou qu'un projet tel que le permis de conduire d'un enfant (coût d'au moins 1 000 euros) nécessite d'être anticipé, comme nous l'avons quelquefois entendu sur le rond-point.

Ce qui est aussi apparu lors de notre enquête, ce sont les évolutions des prix de certains biens au cours de ces dernières années et les préoccupations qu'elles suscitent : bien entendu, le carburant comme nous l'avons vu plus haut, mais aussi l'énergie en général (électricité, gaz), et le tabac : les séries de prix objectivent très bien ce phénomène (Figure 14).

Figure 14. – Évolution des prix du carburant, de l'électricité, du gaz, du tabac, et de l'indice des prix à la consommation (IPC), 1990-2019[1]

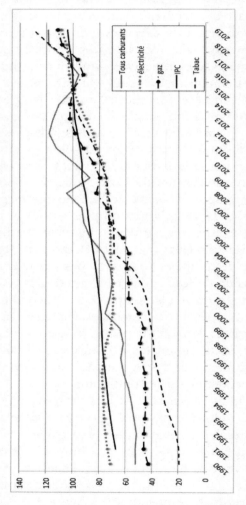

1. Sources : INSEE, série de prix, classification COICOP, base 100 2015.

Depuis 2015, il faut ainsi noter que les carburants (dont le fioul domestique) ont augmenté de 19 %, le gaz et l'électricité de 10 %, et le tabac de près de 30 % en raison principalement des hausses de taxes (voir *infra*). Dans le même temps, l'indice des prix à la consommation relève une hausse des prix qui ne serait que de l'ordre de 4 %. Bien que cet indice doive être considéré avec circonspection pour différentes raisons (agrégation de prix moyens, calcul d'un panier de biens pondéré, etc.), il donne un ordre d'idée de l'évolution des prix (inflation). Ces évolutions font penser à l'analyse de la Révolution française par l'historien Ernest Labrousse[1], pour qui les périodes révolutionnaires sont liées à des crises frumentaires lors desquelles s'enchaînent augmentation des prix des céréales et baisse des revenus pour en acheter. Si on reprend ce schéma labroussien, cette sorte d'« effet ciseau » entre l'augmentation de ces coûts et les revenus du travail est sensible, et comprime les conditions de vie de ménages comme ceux des Gilets jaunes, même si les prix de beaucoup de biens manufacturés ont tendance à baisser en raison de la production internationale et notamment chinoise.

Ce constat entre en écho avec de récents travaux américains[2] qui font eux aussi état de « tensions

1. Ernest Labrousse, « Comment naissent les révolutions », *Actes du congrès historique du centenaire de la révolution de 1848*, Paris, Puf, 1948.
2. Jonathan Morduch, Rachel Schneider, *The Financial Diaries: How American Families Cope in a World of Uncertainty*, Princeton, Princeton University Press, 2017 ; Jacob S. Hacker, *The Great Risk Shift*, Oxford, Oxford University Press, 2019 [2006].

budgétaires » accrues, indépendamment de la hausse globale du niveau de vie : les revenus seraient de plus en plus incertains, en lien notamment avec le chômage et des formes de précarisation du marché du travail, tandis qu'*a contrario* le poids d'un certain nombre de dépenses fixes irait croissant. Bien que plusieurs définitions soient possibles et fassent l'objet de discussions techniques sur lesquelles nous ne revenons pas ici, la notion de dépenses pré-engagées vise ainsi à mieux prendre en compte les dépenses des ménages devenues incontournables, et notamment celles qui sont pré-engagées contractuellement. Ainsi, Michèle Lelièvre et Nathan Rémila (2018)[1] considèrent la part des dépenses « d'assurances, de cantine scolaire, de redevance télévisuelle et d'abonnements à des chaînes payantes, d'abonnements téléphone et Internet, de remboursements de prêts immobiliers, et de loyers et de charges » à partir des enquêtes « Budget de famille », et concluent à leur augmentation entre 2001 et 2011, en particulier dans le budget des ménages les plus pauvres (de 31 % à 38 % des dépenses totales de consommation) et modestes (de 30 à 34 %). Ce phénomène n'est pas vraiment nouveau, puisque déjà dans la première moitié du XXe siècle le sociologue Maurice Halbwachs notait que les prix des « besoins contraints », tels que le loyer, étaient jugés abusifs et assimilés à une taxe illégitime. Mais cette tendance s'est manifestement intensifiée ces dernières années.

---

1. Michèle Lelièvre, Nathan Rémila, « Dépenses pré-engagées : quel poids dans le budget des ménages ? », *Les Dossiers de la DREES*, 2018, n° 25.

Par conséquent, les Gilets jaunes nous amènent de nouveau à réfléchir à la pertinence des indicateurs socio-économiques existants et à en envisager d'autres pour rendre compte des conditions de vie. Cette perspective n'est pas nouvelle, mais elle est plus souvent appliquée à des indicateurs historiques qu'à des enjeux de mesure plus contemporains. Surtout, cette mobilisation pointe l'insécurité non pas « culturelle » mais bien budgétaire qui frappe certaines franges de la société française, alors même que leur niveau de vie, tel qu'il a pu être mesuré jusqu'à présent, n'a jamais été aussi élevé. C'est ce qui nous conforte dans la réflexion et dans la nécessité de réaliser des enquêtes sur les budgets de famille, pour penser la situation de ménages qui ne sont pas nécessairement pauvres, mais qui ont pourtant du mal à se payer des loisirs, une couverture mutuelle correcte, un logement qui leur convienne, et dont la mobilité sociale et celle de leur progéniture semblent en partie remises en cause par le contexte économique, donnant lieu à une crise de reproduction sociale.

SENTIMENT D'INJUSTICE FISCALE

Nous avons vu en première partie que l'augmentation programmée de la taxation sur le carburant n'avait pas en elle-même une incidence très forte, en tout cas moindre que le pic des prix des carburants (routiers mais donc aussi de chauffage) à l'automne

2018 au moment des Gilets jaunes (augmentation de 1,02 euro/L en février 2016 à 1,53 euro/L en octobre 2018 ; voir Figure 5, première partie de cet ouvrage).

Mais il faut bien garder à l'esprit que cette taxe ne représente qu'une petite partie de la fiscalité française. La présentation médiatique de cet enjeu fait souvent comme s'il n'existait que l'impôt sur le revenu, dont près de 60 % des foyers français sont pourtant exemptés. En réalité, il faut mettre en regard ces impôts payés à l'échelle individuelle avec ce qu'ils rapportent à l'État. Ainsi, les impôts sur le revenu (composé pour près de la moitié de la contribution sociale généralisée, ou CSG) et la taxe sur les produits énergétiques comptent pour moins d'un quart des recettes fiscales de l'État[1], loin derrière la taxe sur la valeur ajoutée (TVA) qui compte à elle seule près de la moitié. Alexis Spire a montré que les différents impôts et taxes sont connus de manière très différenciée au sein de la population française[2]. Selon lui, les différences de classes, conçues de manière très agrégée (classes populaires, classes moyennes, classes supérieures), seraient le déterminant primordial des opinions en matière fiscale. C'est possible, mais ce raisonnement passe un peu vite sur d'autres paramètres qui seraient également susceptibles de jouer un rôle au moins aussi important : la détention ou non d'un patrimoine, la possibilité ou non de faire des heures supplémentaires et selon quelles modalités (horaires, fiscalité, pénibilité),

---

1. Source : comptabilité nationale, INSEE.
2. A. Spire, *Résistances à l'impôt, attachement à l'Etat, op. cit.*

ou bien encore le statut d'emploi de manière plus fine qu'indépendant *versus* non-indépendant (fonctionnaire ou salarié, etc.). Il en est de même pour le travail de Vincent Bonnecase, qui s'intéresse aux représentations symboliques et morales de l'augmentation présumée du coût de la vie en Afrique, mais sans les mettre en rapport avec des données budgétaires[1]. Ces contributions soulignent à juste titre la dimension politique de la « vie chère », mais à aucun moment elles ne calculent des taux d'imposition effectifs, ce qui permettrait de mettre ceux-ci en relation avec les opinions sur les impôts, ainsi que de s'interroger sur de possibles points de comparaison du point de vue des personnes concernées.

Or, il existe en la matière des différences considérables. Pour s'en rendre compte, il est pertinent de mettre à plat l'ensemble des impôts payés par un ménage comme celui de José et sa femme (Figure 15).

Un tel tableau semblera bien compliqué au lecteur peu familier du système sociofiscal français. Pour l'éclaircir et sans rentrer dans une exégèse, il faut d'abord préciser qu'un ménage de salariés comme celui de José est confronté à deux types principaux de prélèvements : d'une part, ceux portant sur les salaires nets (ou revenu disponible), et, d'autre part, ceux sur le brut. Les premiers sont essentiellement constitués d'impôts sur la consommation tels que la taxe sur la valeur ajoutée (TVA), la taxe sur le carburant, sur le tabac, sur le logement (taxe foncière et d'habitation), et d'impôts comme ceux sur le revenu.

---

1. V. Bonnecase, *Les prix de la colère*, Paris, EHESS, 2019.

Figure 15. – Décomposition des taxes
et impôts du ménage par ordre décroissant[1]

	Type de prélèvement	Montant (euros)	Prélèvement détaillé	Montants mensuels (euros)	Part de l'ensemble de la fiscalité dans les salaires bruts du ménage	Part de la fiscalité visible dans l'ensemble des revenus disponibles
Fiscalité directement visible	Impôts sur la consommation	705	Tabac	284	8 %	10 %
			TVA et assimilés*	213	6 %	7 %
			Taxes immobilières**	108	3 %	4 %
			Carburants	100	3 %	3 %
	Impôt sur le revenu (IRRP)	92	Impôt sur le revenu	92	2 %	3 %
Fiscalité indirectement visible	Prélèvements sur le salaire brut	873	Cotisations sociales	510	14 %	Fiscalité prélevée à la source
			Contribution sociale généralisée (CSG, 9,2 % du salaire brut)	345	9 %	
			Contribution remboursement dette sociale (CRDS, 0,5 %)	19	1 %	
Total		1 670	Total	1 670	45 %	28 %

1. Source : estimations par l'auteur d'après les entretiens avec José, janvier-mars 2019. Notes : (*) comprend, outre la TVA, la redevance TV, les taxes sur les assurances et sur l'électricité ; (**) taxes d'habitation (qui existait toujours en 2018) et foncière.

Les seconds sont prélevés à la source[1] et comprennent la contribution sociale généralisée (CSG), la CRDS et les cotisations sociales salariales (qui ne sont pas à proprement parler des impôts, d'où le fait de parler de « prélèvements »), qui constituent la différence entre salaire brut et salaire net.

L'ensemble de tous ces prélèvements s'élève, comme le montre le tableau, à 45 % des salaires bruts du ménage. C'est ce type de constat qui a probablement conduit le président de la République Emmanuel Macron à déclarer qu'« on met un pognon de dingue dans les aides sociales », une des petites phrases méprisantes que les Gilets jaunes lui reprochent. Hérité de l'après-guerre, le choix a été fait de financer collectivement d'importants services publics (transport, éducation, etc.) et de couvrir assez largement les cinq risques sociaux traditionnellement définis comme la maladie, l'accident du travail, la maternité, la vieillesse, et le chômage. Ces derniers sont financés notamment par les cotisations sociales et la CSG, qui représentent respectivement 14 % et 9 % des salaires bruts de José et de sa femme (Figure 15). Ce taux d'imposition de 45 % correspond aux calculs par Thomas Piketty et ses coauteurs dès 2010[2] pour le milieu de la distribution. Leurs travaux corroborent scientifiquement ce que ressentent intuitivement José et beaucoup de Gilets jaunes : les prélèvements obligatoires appliqués sur leurs salaires

1. Le prélèvement à la source de l'impôt sur le revenu n'entra en vigueur qu'en janvier 2019.
2. Camille Landais, Thomas Piketty, Emmanuel Saez, *Pour une révolution fiscale*, Paris, Seuil, « La République des idées », p. 50-51.

sont élevés, tandis que les impôts sur le capital sont restreints, d'où les critiques de la suppression de l'impôt de solidarité sur la fortune (ISF) en 2018 par le gouvernement d'Édouard Philippe conformément à une promesse de campagne d'Emmanuel Macron. Cette mesure a été évidemment très discutée et accusée de promouvoir une réduction de l'assiette fiscale aux dépens d'une fiscalité redistributive. Il est en tout cas notable que cette revendication de « rendre l'ISF », promue notamment par François Ruffin et La France insoumise, était bien présente au sein du mouvement, comme en témoignent les formules inscrites sur les gilets. La consultation des cahiers citoyens du département enquêté atteste aussi de la forte diffusion de ce mot d'ordre, ainsi que de l'augmentation de la CSG sur les retraites et leur désindexation de l'inflation (voir la première partie de cet ouvrage). Enfin, un impôt comme la TVA est également très peu redistributif puisque celle-ci est payée de manière égale par tous les consommateurs quels que soient leurs revenus. Elle s'applique en outre à tous les biens et services, y compris ceux de première nécessité, bien qu'à des niveaux différenciés (5,5 %, 10 % ou 20 %). Ce manque de progressivité alimente un sentiment de « matraquage fiscal » largement relayé par les Gilets jaunes.

Il faut préciser ce premier constat global en s'intéressant maintenant aux impôts qui concernent les salaires nets que touchent concrètement José et sa femme, soit le versant de leur fiscalité que nous avons qualifié de « directement visible ». Le taux de taxation sur ce revenu disponible s'élève à 28 % (Figure 15), soit une valeur du même ordre que les estimations de Victor

Amoureux, Elvire Guillaud, et Michaël Zemmour[1], qui montrent que cette taxation augmente à mesure que les revenus augmentent (progressivité). Pourtant, c'est avec le taux d'imposition associé au budget fictif de « smicard célibataire » que José nous propose de se comparer, en nous le détaillant un après-midi sur le rond-point et pour lequel nous obtenons un taux de taxation de 8 % (voir l'annexe *infra*, Figure 16). Par rapport à ce dernier, le taux appliqué au ménage de José est plus de trois fois supérieur, et apparaît donc particulièrement élevé. D'où son commentaire, largement partagé sur les ronds-points : « Tu vis pas. On te donne d'une main puis on te prend de l'autre » (José, 19 décembre 2018). De ce constat à la dénonciation de politiques sociales telles que des tarifs préférentiels (par exemple pour la cantine ou le centre de loisirs des enfants), il y a un pas que ne franchit pas José.

Ce commentaire pourrait s'interpréter dans le sens de « l'impôt comme injustice », pour reprendre le prisme d'Alexis Spire et d'une littérature plus large et internationale au sujet de la critique des impôts[2]. Cette interprétation est possible, mais on voit bien à partir du cas de José qu'elle ne rend compte ni du débat sur la progressivité du système sociofiscal français, ni surtout de la multitude de transactions et d'agencements socio-économiques qui caractérisent les économies

---

1. Victor Amoureux, Elvire Guillaud, Michaël Zemmour, « Prendre aux riches ou donner aux pauvres ? », *LIEPP Policy Brief*, 43, 2019, fig. 5, p. 7.
2. Elvire Guillaud, "Preferences for redistribution: An empirical analysis over 33 countries", *The Journal of Economic Inequality*, 2013, 11 (1), p. 57-78.

domestiques des Gilets jaunes, et de leurs filtres de visibilité ou d'invisibilité en matière fiscale du point de vue de l'administration : accepter ou non de travailler de manière non déclarée (petits chantiers « au noir »...), voir ses primes et heures supplémentaires imposées ou pas, déclarer ou non sa piscine et un agrandissement immobilier, aller ou non à Andorre se ravitailler en tabac et en alcool, bénéficier d'une réduction d'impôt au moment d'acheter ou de louer un bien immobilier, etc. De ce point de vue, concevoir la résistance à l'impôt comme « le reflet d'une identification à des groupes – les classes moyennes, les indépendants, les ruraux – qui se conçoivent comme les oubliés des institutions étatiques[1] » apparaît réducteur alors que des travaux comme ceux d'Edward P. Thompson[2] ou de Béatrice Hibou[3] ont déjà attiré l'attention sur des formes d'ambiguïté, de diversité des rapports aux impôts, et pointent les limites de raisonner en termes de groupes socioprofessionnels à ce sujet. Notre enquête suggère qu'une conception trop univoque du rapport aux impôts arase en fait la réalité : enquêter auprès des Gilets jaunes montre qu'il existe des types de jugements, de choix, et de points de comparaison qui sont plus déterminants pour comprendre le rapport à l'État des Gilets jaunes, leur potentielle « résistance à l'impôt », et plus largement leurs points de vue sur les politiques publiques qui les touchent actuellement.

---

1. Alexis Spire, *Résistances à l'impôt, attachement à l'État*, *op. cit.*, p. 14.
2. Edward P. Thompson, « The moral economy... », art. cit.
3. Béatrice Hibou, *Anatomie politique de la domination*, *op. cit.*

C'est ce à côté de quoi passent des travaux qui s'appuient soit sur des matériaux d'enquête d'opinion, soit *a fortiori* des observations de guichet traduisant un point de vue institutionnel sur les budgets de famille en sous-estimant les arbitrages, les choix, et tout simplement les modes de vie qui sont tout aussi déterminants que les classes sociales en matière de fiscalité.

La répartition des différents prélèvements pour un ménage comme celui de José (Figure 15) appelle plusieurs commentaires. D'abord, elle confirme que ce ne sont en fait pas les taxes sur les carburants qui pèsent le plus lourd, car elles ne comptent que pour 3 % des salaires nets. C'est plutôt le tabac qui occupe la première place, comptant pour plus d'un tiers du total reversé à l'État. Cela tient bien entendu à la consommation conséquente de José et surtout de sa femme (un paquet quotidien), mais aussi à des décennies de choix politique d'augmenter la fiscalité du tabac, d'abord à des fins d'apport fiscal puis surtout de santé publique à partir des années 2000[1]. Or cette taxation plus élevée a touché de plein fouet les classes populaires, puisque celles-ci en sont devenues les principales consommatrices : si le tabac était historiquement une consommation de classe supérieure, il s'était jusqu'alors fortement démocratisé[2]. Dès lors,

---

1. Caroline Frau, « Tirer profit des contestations du marché du tabac ? Entre controverses et ajustements situationnels », *in* Philippe Steiner, Marie Trespeuch, *Marchés contestés*, Toulouse, Presses universitaires du Mirail, chap. 3, p. 91-120.
2. Céline Goffette, *Le contexte social du tabagisme : le rôle de l'environnement familial et professionnel*, thèse de doctorat en sociologie, Paris, Sciences-Po, 2012 ; Raphaël Godefroy, *Les taxes sur le*

il ne s'agit certes pas de remettre globalement en cause la politique publique consistant à lutter contre le tabagisme et ses effets sanitaires, mais bien de noter son coût très élevé pour les personnes qui ne parviendraient pas à changer leur comportement, et en l'occurrence les classes populaires. On touche ici du doigt une limite des politiques publiques en termes de (dés)incitations (aussi appelées des *nudges*), visant à faire changer les comportements en modifiant les prix de certains biens tels que le tabac, mais aussi justement les projets de taxes sur les carburants à des fins écologiques (écotaxe en 2013, ou l'augmentation initialement prévue pour janvier 2019). Prises une à une, ces orientations fiscales sont sans doute rationnelles, en reposant sur le principe du « pollueur payeur » : ces consommations engendrent des coûts, par exemple de santé pour soigner les effets du tabagisme, auxquels il semble légitime que les personnes concernées contribuent plus que d'autres. Toutefois, cette logique fait peu de cas du contexte dans lequel s'insèrent ces politiques et de leurs effets éventuellement cumulatifs[1]. Les gouvernements successifs ne semblent pas avoir vraiment pris la mesure de ces limites.

Enfin, le dernier constat frappant qui ressort de cette mise à plat de la fiscalité d'un tel ménage est que les dépenses assurantielles effectuées sur le revenu disponible se montent à 400 euros par mois, ce qui

---

tabac sont-elles régressives ?, mémoire de DEA sous la direction de Thomas Piketty, Paris, 2003.

1. Henri Bergeron, Patrick Castel, Sophie Dubuisson-Quellier *et al.*, *Le Biais comportementaliste*, Paris, Presses de Sciences-Po, 2018.

là aussi paraît beaucoup. Ces dépenses d'assurances couvrent trois domaines : les véhicules à moteur, qui comptent pour près de la moitié (45 %), suivis de la santé pour environ un tiers, et de l'immobilier pour le quart restant[1]. Les montants que nous déclarent José (50 euros mensuels d'assurance pour la maison, 45 euros pour chaque véhicule) paraissent un peu surévalués par rapport à ce que suggère une recherche de contrats d'assurance sur Internet, mais ils sont compris dans une fourchette haute compte tenu d'options (vol) ou de malus que José ne nous aurait pas précisés. L'importance de ce type de dépenses a été relevée également dans d'autres contextes à l'époque contemporaine, et correspond à l'essor d'assurances privées et individuelles pour se couvrir face à ces risques.

UNE TRAJECTOIRE IMMOBILIÈRE ASCENDANTE ?

Le budget logement des ménages français a connu ces dernières décennies des évolutions contrastées, du fait notamment de la diversité des situations du point de vue à la fois des types d'habitat, des statuts d'occupation, des localisations géographiques et des propriétés sociales des personnes concernées. D'un

---

1. Le tableau est disponible sous forme d'annexe électronique ici : https://api.nakala.fr/data/10.34847/nkl.a0db46er/3ff44833e5f03e5a41e7aa7609826042be3ae64c

côté, les conditions de logement se sont globalement améliorées, la part de propriétaires tend à augmenter, et le logement social reste très développé en France par rapport à d'autres pays européens. Mais, de l'autre, les prix immobiliers ont beaucoup augmenté, engendrant une hausse des taux d'effort pour les locataires et les propriétaires accédants. Cela vaut en particulier pour les métropoles qui demeurent donc très inégalitaires en la matière. Mais ce genre de constats rend peu compte des situations en dehors des métropoles, par exemple en milieux ruraux ou périurbains, et surtout des trajectoires immobilières. Qu'en est-il pour des ménages de Gilets jaunes comme celui enquêté ?

Le coût total de leur logement revient à 828 euros par mois, soit leur premier poste budgétaire avec environ un tiers (32 %) des 2 874 euros de leurs revenus salariaux, ce qui paraît conséquent. Le remboursement du crédit immobilier (600 euros) constitue la part principale (environ les deux tiers) de cette dépense qui consiste à rembourser un premier crédit immobilier contracté en 2005, puis un second pour l'achat d'un « terrain » à proximité (3 000 m², 5 000 euros), dont José espère qu'il devienne prochainement constructible. S'il ne nous a pas communiqué leurs montants respectifs, il nous a en revanche indiqué avoir acheté à l'époque sa maison pour 110 000 euros (frais de notaire compris) avec un taux d'intérêt de 4,5 % qu'il a renégocié entre-temps (3,2 %). Ces achats ont été favorisés, voire rendus possibles, par ses indemnités de licenciement de l'époque (45 000 euros, voir *supra*), et devraient finir d'être remboursés d'ici deux ans. Les situations d'« accession à la propriété », euphémisme pour désigner l'achat d'un bien immobilier à crédit, étaient largement représentées parmi les Gilets jaunes, puisqu'elles concernent près de 26 % d'entre eux[1], soit un taux plus élevé que la moyenne nationale (20 %, d'après INSEE, 2015), alors même que le taux de ménages Gilets jaunes propriétaires « non-accédants » (25 %), c'est-à-dire concrètement sans crédit à rembourser, est lui plus faible qu'en moyenne nationale (37 %). Mais il faut spécifier dans quelle dynamique s'inscrit cette accession à la propriété.

Celle-ci a en effet conduit José, et aussi plus largement ses frères et sœurs, à quitter ce qu'eux et toute la ville appellent le quartier de « la ZUP », du nom du dispositif de « zone à urbaniser en priorité » en vigueur dans les années 1960. Ce dernier consistait à construire des grands ensembles pour répondre à la demande croissante de logements de l'époque. C'est là que les parents de José, immigrés portugais, ont habité dès leur arrivée au début des années 1970, et que lui-même et sa femme ont vécu jusqu'en 2005. Ce quartier est stigmatisé localement pour être « chaud », peu de ses habitants se sont mobilisés dans les Gilets jaunes selon José, ce qui ne lui inspire pas d'explication particulière hormis le fait qu'« ils ont déjà suffisamment de problèmes à régler »[2]. C'est en tout cas dans cette zone

1. Estimation d'après les 334 questionnaires qui renseignaient cette information, essentiellement ceux de Caen et de nous-même en région Centre.
2. Voir Collectif, « Gilets jaunes : regards de jeunes de banlieue », *Metropolitiques*, 23 mai 2019 (www.metropolitiques.eu/Gilets-jaunes-regards-de-jeunes-de-banlieue.html) ; Vincent Geisser, « Les gilets jaunes et le triptyque "islam, banlieues, immigration" » :

que se concentrent les plus forts taux de pauvreté de cette préfecture. Lui a un rapport clivé avec cette ZUP, comme le suggère sa trajectoire immobilière évoquée en ces termes : « C'était super, les meilleures années de ma vie, on connaissait tout le monde, mais à [commune périurbaine anonymisée où ils achètent en 2005, à une dizaine de kilomètres], c'est un investissement, pour ensuite revenir habiter en ville [préfecture anonymisée où se situe la ZUP] ». Leur sociabilité de voisinage actuelle, manifestement peu développée, tranche complètement avec celle connue à la ZUP, plus intégrée : José ne connaît pratiquement personne dans cette commune d'emménagement et le café que lui et son frère fréquentent se trouve « en ville ». En revanche, son fils qui y a grandi « a plein de copains » dans cette nouvelle commune périphérique et y est très intégré.

Le déménagement de 2005, qui marque le passage de locataire à propriétaire, s'inscrit donc explicitement dans une perspective d'investissement qui consiste à « faire construire » une « maison individuelle[1] » pavillonnaire dans une commune périurbaine voisine pour à terme la revendre et « revenir en ville ». Celle-ci était à l'époque inaccessible pour un bien équivalent « avec un peu de terrain ». Le prix de revente future est relativement incertain, et dépend notamment de l'état de la maison et donc de son entretien, mais aussi de l'évolution du marché immobilier local. Entre-temps,

---

une machine à produire des fantasmes identitaires », *Migrations Société*, 2019, n° 175, p. 5-16.

1. Pierre Bourdieu, Salah Bouhedja, Rosine Christin *et al.*, « Un placement de père de famille », *Actes de la recherche en sciences sociales*, n° 81-82, 1990, p. 6-33.

le retour à la ville espéré ne pourra se faire qu'au prix d'une épargne supplémentaire de 150 euros mensuels en sus du remboursement du crédit immobilier. Cette logique d'investissement s'est ensuite dédoublée à travers l'achat d'un autre terrain à proximité dont José espère qu'il sera un jour constructible.

Toute cette configuration est en fait lourde de conséquences et rejoint des travaux comme ceux d'Anne Lambert ou de Violaine Girard[1] : c'est notamment à cette aune qu'il faut comprendre l'attention portée par ce type de ménage à l'évolution de la commune et du voisinage qui doivent rester respectables, ainsi qu'à l'état de leur pavillon qui est donc soigneusement entretenu, et plus généralement à tout ce qui pourrait altérer le futur. Historiquement, ce type d'accès à la propriété privée oriente donc vers un certain conservatisme, qui accompagne un certain rapport au vivre-ensemble et éventuellement à la politique partisane. Dans ce dispositif, l'automobile occupe également une place décisive, puisqu'une telle commune périurbaine est relativement mal desservie par les transports publics. Dès lors, José pourrait apparaître comme un cas emblématique d'une certaine logique d'éviction de ménages modestes des centres-villes. Mais ce processus est un peu ambigu, car il suit aussi une perspective d'accumulation de patrimoine et de trajectoire immobilière ascendante, dans le sens où José quitte la ZUP pour emménager dans un logement plus grand et avec du terrain, comme

---

1. Anne Lambert, *Tous propriétaires ! L'envers du décor pavillonnaire*, Paris, Seuil, « Liber », 2015 ; Violaine Girard, « Sur la politisation des classes populaires périurbaines », *Politix*, 2013, n° 101, p. 183-215.

lui et sa femme le souhaitaient. L'habitat périurbain a souvent été conçu comme exclusivement subi, alors qu'il a été au moins en partie voulu : il y va d'une contrainte et d'une dépense, mais aussi d'une aspiration et d'un investissement, à son échelle, à son niveau. Comme pour le rapport aux impôts, nous retrouvons ici dans le cas du logement une forme supplémentaire de ce qu'on pourrait appeler une économicisation de la vie quotidienne, des risques que cela fait peser sur les individus, et des raisonnements au fond mêlés que cela engendre pour un ménage de Gilets jaunes comme celui de José et sa femme.

De manière similaire, les espaces extérieurs que constituent le jardin autour du domicile et le terrain acquis à proximité peuvent certes se concevoir comme ayant une valeur d'usage en termes de loisirs, mais ils constituent également une sorte d'investissement productif. En effet, ils impliquent divers travaux manuels d'aménagement (décorations de Noël, plantation de fleurs) et d'entretien (jardinage, tonte), mais permettent aussi différentes activités rémunératrices, qui peuvent être vues comme du « bricolage » mais qui jouent en réalité un rôle structurant pour l'économie domestique du ménage : entrepôt de métaux revendus chez un ferrailleur, garage des véhicules et des outils utilisés pour les chantiers et pour l'entretien-réparation des véhicules, coupe et stockage de bois de chauffage, tentative (avortée) d'un potager et d'une basse-cour. Ces derniers ont finalement été abandonnés en raison du vol : d'un point de vue extérieur, les montants monétaires de cette économie pratique sont effectivement dérisoires, mais au vu des efforts investis on comprend mieux que le vol puisse déclencher crainte et colère. Tous ces aspects font appel à certaines compétences manuelles visant à entretenir soi-même à la fois son domicile et ses véhicules, de manière à en réduire les coûts mais aussi comme forme d'habiter[1]. Un Gilet jaune arrivant ainsi sur un rond-point à 19 heures nous explique : « Ben oui, j'arrive en retard car j'étais en train d'installer mon boîtier GRDF, ça prend du temps mais ça évite de faire venir le technicien [dont le déplacement est supposé payant]. » Ces pratiques ouvrent sur une économie domestique et locale de circuits d'achat, de récupération, et de revente (de ferraille, de matériaux, d'outils, de pièces d'automobile, etc.) à laquelle nous allons maintenant nous intéresser.

---

1. Ce contraste entre habiter en appartement ou en pavillon entremêle des enjeux économiques, symboliques et politiques, qui ont été bien décrits dans Jean-Noël Retière, *Identités ouvrières*, Paris, L'Harmattan, 1994, p. 144 et suiv., et par Lionel Rougé, *Accession à la propriété et modes de vie en maison individuelle des familles modestes installées en périurbain lointain toulousain*, thèse de doctorat en géographie, Toulouse, 2005.

CHAPITRE 2

Trucs et astuces
pour boucler le budget

Beaucoup de Gilets jaunes évoquent un certain fatalisme face à ces contraintes budgétaires : « Il faut accepter de finir [le mois] dans le rouge », « il faut renoncer à avoir de l'épargne ou accepter de prendre dedans », quand d'autres aux revenus incertains (intérimaires, salariés en CDD, chômeurs) tentent de lisser leurs dépenses pour résister aux périodes de creux. Néanmoins, cette situation conduit aussi beaucoup d'entre eux, tels que José, à recourir à un certain nombre de pratiques permettant d'y faire face. Du côté des dépenses, il faut « faire attention », selon l'expression souvent entendue sur les ronds-points, ce qui se traduit concrètement par diverses mesures d'économies. En ce qui concerne leurs revenus, les Gilets jaunes pratiquent différentes activités leur permettant d'augmenter leurs ressources. Ces « expédients », ainsi qualifiés d'un point de vue extérieur, ont pour point commun d'allier dimension monétaire et non monétaire, ce qui les rend difficiles à chiffrer. Mais, mis bout à bout, ils permettent pourtant à de tels ménages de « tenir ». Le budget rattaché à l'automobile, que nous aborderons au chapitre suivant, constitue un domaine qui illustre également ces manières de faire.

LIMITER SES DÉPENSES

En premier lieu, un couple comme celui de José « fait attention » dans le sens où il s'efforce de ne pas trop dépenser, sans pour autant qu'il s'agisse de strictes privations. Les montants consacrés à leurs loisirs demeurent modestes (absence par exemple de toute sortie culturelle), tout comme pour leur alimentation[1] que José estime à 120 euros par semaine pour trois personnes : « C'est clair qu'on achète en grande surface, on y va souvent tous les trois ensemble, parce que c'est moins cher, mais on ne se prive pas, surtout la viande pour le fiston et pour moi. Mais on n'achète pas bio, car là c'est vraiment trop cher » (José, entretien, 15 janvier 2019). Les grandes surfaces ont ainsi été synonymes de disparition des petits commerces de proximité, d'une forte baisse du prix relatif de l'alimentation ces dernières décennies, et d'avènement de la consommation de masse. Cela fait écho plus largement aux enjeux environnementaux au centre de cette mobilisation, et à la réponse d'un enquêté à notre question sur les « trucs et astuces » utilisés pour s'en sortir : « Nous achetons des pâtes et de la viande de

---

1. Hélas, il n'a pas été possible d'investiguer de manière plus détaillée cet enjeu, et c'est là un regret de l'enquête.

merde au Lidl » (questionnaire, 13 décembre 2018). Un autre indice de la consommation alimentaire des Gilets jaunes était visible au travers des aliments disponibles sur le rond-point : viennoiseries, chips, jus, charcuteries. Cet amoncellement de dons alimentaires suscitait d'ailleurs non seulement une fierté de recevoir autant, mais aussi un certain émerveillement : cette opulence est montrée aux nouveaux venus et notamment aux enfants.

De même, les dépenses vestimentaires de José demeurent très restreintes, au point qu'il ne se souvient pas de la dernière fois qu'il en a acheté. L'usure des vêtements était visible chez beaucoup de Gilets jaunes, mais difficile à apprécier dans la mesure précisément où ils étaient sur le rond-point. Plusieurs présents nous signalèrent des problèmes similaires lorsqu'il s'agit de remplacer des appareils électroménagers tels qu'une machine à laver, un réfrigérateur, etc., ou des aménagements du domicile tels qu'un carrelage fendu ou des volets à changer, soit autant de dépenses que ce type de ménage repousse autant que possible.

Les vacances font aussi l'objet de dépenses limitées, grâce à des modes de transport peu coûteux (le frère de José va ainsi au Portugal en bus) ou à l'hébergement chez des proches (parentèle au Portugal, fille sur la façade atlantique). De même, le chauffage peut être restreint : « Ben je fais attention, je mets un pull plutôt que d'allumer », nous a-t-il été précisé. Toutes ces pratiques témoignent à la fois de modes de consommation modestes, et de la manière dont la tension entre prix et qualité est arbitrée en faveur des premiers plutôt que de cette dernière. Il s'agit donc plutôt de restrictions que de strictes privations, ce qui rejoint des pratiques déjà identifiées comme caractéristiques de ménages précaires[1].

Une autre manière d'économiser consiste aussi à recourir à des canaux d'approvisionnement moins onéreux. De manière classique, cela passe par l'achat de soldes, qui nécessitent de s'échanger les informations (José et son frère se refilent les « bonnes affaires ») et de se rendre fréquemment en magasin. Mais cela conduit aussi à faire chaque été en revenant du Portugal un petit détour par Andorre pour s'approvisionner en boissons alcoolisées et en tabac, bien qu'à ce sujet José s'exclame : « Oh ! là, là ! c'est devenu très contrôlé[2] ! » D'autres Gilets jaunes ont également évoqué cette possibilité devant nous, en déplorant qu'elle soit de moins en moins rentable à cause justement de l'augmentation du prix des carburants, qui rend dorénavant peu économique d'y faire un aller-retour. Cette logique d'« acheter moins cher » conduit beaucoup de Gilets jaunes à faire des achats d'occasion sur Internet : le site Leboncoin.fr semble ainsi très bien connu et pratiqué, pour des biens de consommation moins réguliers, tels qu'ordinateur, téléphones, articles de sport ou de jardin[3]. Cette « économie du Boncoin » peut aussi ser-

---

1. Ana Perrin-Heredia, *Logiques économiques et comptes domestiques en milieux populaires, op. cit.* ; Thomas Amossé, Marie Cartier, « "Si je travaille, c'est pas pour acheter du premier prix !" », *Sociétés contemporaines*, 2019, n° 114, p. 89-122 ; Pierre Blavier, « Les réaménagements de la consommation en contexte de récession », *Revue française de sociologie*, vol. 59, 2018, p. 7-36.
2. L'équivalent nordiste est d'aller en Belgique, comme photographié dans Vincent Jarousseau (*Les Racines de la colère, op. cit.*).
3. Dominique Pasquier, *L'Internet des familles modestes*, Paris, Presses des Mines, 2018.

vir à revendre et même alimenter un petit commerce, comme cet exemple de « pièces de Mobylette entre 50 et 100 euros » dont nous fit part un intérimaire agent de sécurité et comme nous allons de nouveau l'aborder à propos de l'automobile.

AUGMENTER SES REVENUS : LE SYSTÈME D

Le budget de José, si on s'en tient à son versant monétaire et déclaré tel que présenté dans la Figure 13, pose une énigme (ou une contradiction). D'un côté, le mettre à plat conduit au constat que les marges de manœuvre du ménage sont restreintes, même en prenant en compte les pratiques de consommation que nous venons de voir. De l'autre, elles le sont d'autant plus qu'elles doivent contenir les dépenses liées aux vacances estivales au Portugal, tous les imprévus et autres « dépenses personnelles » de sa femme dont José ne connaît pas le montant exact, et 150 euros mensuels d'épargne que José nous assure mettre de côté tous les mois pour son projet d'achat immobilier (voir *supra*). Autrement dit, ce budget apparaît trop juste pour être vraiment équilibré, viable sur le long terme.

C'est ce qui conduit José et sa famille à recourir à ce qu'il nomme le « système D[1] », un versant moins

---

1. Ainsi abordées, ces pratiques, qui ont été beaucoup conçues comme du « bricolage » ou un « travail à côté » digne de l'art pour l'art et caractéristique de l'*ethos* ouvrier, revêtent ici un sens un peu

visible de leur économie domestique : « Je te le dis, Pierre, nous ne sommes pas des assistés, nous c'est le système D », m'a-t-il expliqué (entretien, 12 avril 2019). José désigne par là un ensemble d'activités qui sont difficiles à saisir parce qu'elles font système, parce qu'elles sont diverses, et parce que notre tentative de les décrire plus avant, notamment en listant leurs coûts et les ressources qu'elles occasionnent, s'est heurtée à un refus qui a marqué un arrêt au moins provisoire de l'enquête. Du reste, ce versant est traditionnellement qualifié d'« informel », mais cette dénomination est problématique car, du point de vue des intéressés, il a bien des formes qui gagnent à être décrites (acteurs, contraintes, ordres de grandeur, etc.). On voit bien que ne pas le prendre en compte arase l'ambivalence du rapport aux impôts et de leurs montants pour quelqu'un comme José.

En premier lieu, José réalise ses propres travaux d'entretien et de réparation, pour ses propriétés (une maison, deux terrains, voir *supra*)[1] et pour ses quatre véhicules, ce qui permet au ménage de faire des économies substantielles : « Si je m'en sors, c'est que je suis tout le temps dans les réparations. » Il pose lui-même les pièces achetées à un revendeur local. Mais cela constitue aussi le socle à partir duquel il peut

---

différent dès lors qu'elles sont mises en regard de l'*ensemble* du budget de famille.

1. Sibylle Gollac, *La Pierre de discorde. Stratégies immobilières familiales dans la France contemporaine*, thèse de doctorat, 2011 ; « Propriété immobilière et autochtonie. Les trajectoires immobilières, sociales et politiques d'un maçon breton et de ses descendant-e-s », *Politix*, 2013, n° 101/1, p. 133-159.

effectuer une série d'autres travaux. Par exemple, il récupère tous types de métaux usagers, en particulier des batteries d'automobile, des fils de cuivre, et des radiateurs en fonte, qu'il transporte avec ce qu'il appelle son « camion » (une camionnette utilitaire blanche)[1], stocke dans son arrière-jardin, et revend à un ferrailleur. C'est ainsi que, un mois avant les Gilets jaunes, il s'est « fait 80 euros » en revendant un tas de batteries usagées, ce qui lui a servi à se payer une nouvelle paire de lunettes.

Mais une telle activité fait en réalité écho à d'autres qui s'inscrivent plus largement dans un réseau d'interconnaissances et de sociabilités. Depuis la terrasse de café où nous les rencontrons en ce dimanche matin (26 mai 2019), les innombrables saluts que José et son frère Dominico dispensent aux automobilistes passant à proximité attestent de la densité de cet ancrage territorial. Cette insertion, activée dans ce lieu plutôt masculin et ouvrier qu'est le café-PMU qu'ils fréquentent, se forge au fil de leur trajectoire professionnelle, immobilière (le voisinage de la ZUP par exemple), et se trouve démultipliée grâce à leur fratrie : c'est ce que Jean-Noël Retière appelait le « localisme familial ouvrier[2] ». Ces chantiers pour

---

1. L'enquête nationale Budget de famille (Bdf, INSEE, 2017) permet de documenter la diffusion au sein de certaines franges de classes populaires pavillonnaires (donc rurales ou périurbaines) de tels véhicules de types 4*4 ou « utilitaires » servant à ce genre d'activité (mais aussi à la chasse) qui allie nécessité (sorte d'investissement productif, facteur capital) et dispositions ou appétence avec le sentiment de puissance, voire même la jubilation, qu'il peut procurer.
2. Jean-Noël Retière, *Identités ouvrières, op. cit.*, p. 143.

d'autres particuliers s'effectuent en coopération avec les frères de José, en particulier Dominico, le smicard lui aussi mobilisé dans les Gilets jaunes.

C'est dire qu'un ménage comme celui de José est en fait inséré dans un ensemble plus large de relations familiales[1], sorte d'« essaim » qui constitue la main-d'œuvre pour réaliser ces travaux et qui fonctionne de manière réticulaire avec leur ancrage local, compromettant tout projet de mobilité géographique[2]. Il est très frappant que beaucoup de profils rapportés par Brice Le Gall et ses collègues ou Vincent Jarousseau, loin d'être désaffiliés, sont eux aussi très insérés et soutenus au sein de leur famille. En l'occurrence, ces liens familiaux sont précieux à la fois pour obtenir des commandes de chantiers et pour les réaliser, à l'instar de ceux que nous avons pu relever au cours de l'enquête : réparations automobiles (préparation au contrôle technique, révision, changement d'embrayage), entretien du jardin d'une personne âgée (tonte, taille), construction d'une véranda ou d'un mur, poses d'une chape pour une piscine et d'un portail. Il s'agit donc de ce qui pourrait s'appeler de « menus travaux », souvent réalisés entre frères et effectués le vendredi après-midi ou le samedi. Le terrain et le « camion » de José permettent de stocker et de transporter de l'outillage (bétonnière) et des matériaux (parpaings, sable). C'est ici également que l'atelier auquel a accès José *via* son travail, et qui fait l'objet

---

1. Catherine Bonvalet, « La famille-entourage locale », *Population*, Vol. 58, 2003, p. 9-43.
2. Cécile Vignal, « Les espaces familiaux à l'épreuve de la délocalisation de l'emploi : ancrages et mobilités de salariés de l'industrie », *Espaces et sociétés*, 2005, n° 120-121, p. 179-197.

d'une tolérance négociée de la part de son employeur (voir *supra*), est précieux : la formulation de Magri et Topalov, selon laquelle « les rapports sociaux au travail, et tout particulièrement les réponses ouvrières à la pression patronale, à la productivité, ne peuvent être complètement analysés si on laisse de côté le hors travail[1] », prend ici tout son sens.

À cela s'ajoute également la pratique qui consiste à couper et ramasser soi-même son bois de chauffage, acheté sur pied au propriétaire d'un des nombreux terrains boisés à proximité – ce qui renvoie au morcellement historique du territoire local. C'est un type d'économie souterraine, non déclarée mais légale et conséquente : elle coûte beaucoup d'huile de coude (intensive en main-d'œuvre) mais peu d'argent, permet d'en revendre une partie à d'autres ménages, et surtout d'économiser ce que coûterait un chauffage au gaz ou au fioul, dont les coûts ont beaucoup augmenté ces dernières années. Pour cette activité encore, le « camion » et le terrain, mais aussi l'aide des frères, constituent un capital et une main-d'œuvre indispensables.

Il faut enfin bien comprendre comment ce « système D », dans ses diverses composantes, est partagé au sein des Gilets jaunes. On pourrait nous objecter que José et sa famille ne constituent, à l'égard de cette « économie à côté », qu'un cas particulier parmi d'autres. C'est possible, mais cela montre plutôt que de tels ménages ne peuvent vivre correctement, c'est-à-dire être capables de faire face aux dépenses

---

1. S. Magri, C. Topalov, *Villes ouvrières, 1900-1950, op. cit.*, p. 37.

que suppose leur reproduction, voire leur ascension sociale, qu'à l'aide de ce type de revenus et d'économie domestique. Est-ce une question de pauvreté ? Pas vraiment, car de tels ménages ne peuvent pas être qualifiés de pauvres, puisqu'ils travaillent, ont des revenus supérieurs à la définition de la pauvreté à 60 % des revenus médians, et même une certaine épargne, voire un patrimoine. En revanche, ils sont *de facto*, dans la situation actuelle, amenés à recourir à cet ensemble de pratiques que nous avons essayé de décrire ici et que nous allons maintenant aborder au travers de l'automobile qui en est symptomatique. Ce que questionnent fondamentalement beaucoup de Gilets jaunes des premières semaines, c'est précisément la régulation et concrètement les possibilités de réaliser de telles activités, en termes de contraintes, d'efforts, de taxation, et donc *in fine* de ressources mobilisables.

Ceux qui recourent à de tels services sont eux-mêmes des ménages concernés par des contraintes budgétaires telles que celles de José : il s'agit d'autres ménages de Gilets jaunes, qui participent à cette même économie. En attestent les discussions sur les ronds-points, et nous avons vu que près des deux tiers des Gilets jaunes déclarent « avoir du mal à finir le mois » (voir la première partie de cet ouvrage). Surtout, nous demandions alors de manière ouverte à ces personnes qui avaient répondu par l'affirmative, si elles pouvaient nous citer différents « trucs et astuces » mis en œuvre pour « finir le mois ». Outre les réponses renvoyant aux restrictions vues plus haut (« on mange de la merde de chez Lidl car le bio est trop cher », « restriction de vacances », « pas d'épargne et on fait attention », etc.), d'autres renvoient à ce qui pourrait apparaître comme des « à-côtés » : « On bouffe car à la campagne : jardin, animaux, chasse », « j'ai pris un colocataire », « je fais des petits travaux chez des gens que je connais », « on se débrouille, je bricole, black », « j'ai un grand potager », « j'achète et je revends sur Leboncoin » (des vêtements, des bijoux, du savon), et parfois des pratiques renvoyant à une plus grande pauvreté telles que « fouiller dans les poubelles », « acheter des vêtements pour les enfants à la Croix-Rouge ».

Dans la même perspective d'en faire plus pour accroître ses revenus, nous avons pu nous rendre compte, au cours des discussions de ronds-points, que de très nombreux Gilets jaunes faisaient état de rémunérations liées à différentes « primes » : de technicité, de présence (conditionnée à l'absence totale d'arrêt de travail du salarié sur une période donnée, par exemple un trimestre), de tonnage, au résultat, paniers-repas, de nuit, de jours fériés, de week-end, et plus largement d'heures supplémentaires payées de manière déclarée ou non par l'employeur principal. Sur ce versant de leur rémunération salariale, beaucoup de Gilets jaunes sont ambigus. D'un côté, cela est très important puisque cela détermine leurs revenus dans une situation où leur budget est tendu, et dans la mesure où une partie peut être défiscalisée. Ce type de considération jette un certain éclairage sur la forte baisse des grèves en entreprise au cours des dernières décennies, ou sur le débat à propos de la défiscalisation des heures supplémentaires promulguée par Nicolas Sarkozy : c'est le fameux « Travailler plus pour gagner plus » qui aurait conduit une partie de l'électorat populaire à voter pour lui en 2007. Mais, d'un autre côté, les Gilets jaunes que nous avons rencontrés sont critiques à propos de la non-prise en compte de ces primes dans le calcul de leurs éventuelles indemnités chômage, d'accidents du travail, et surtout de retraite qui marque ainsi une brutale chute de revenus : « La retraite a constitué un coup car je suis passé de pratiquement 1 500 euros en comptant les primes et les heures supplémentaires à 1 160 euros sec », nous raconte cet ancien couvreur de 65 ans, en se félicitant d'être heureusement propriétaire de son logement. Ce système D rencontre ainsi certaines limites.

LE SYSTÈME D EN TENSION

La première limite renvoie à la question des enjeux techniques, et notamment de l'outillage que nécessitent à la fois l'électronisation du matériel et son homologation. Par exemple, la pose de pneus automobiles nécessite un « pont » permettant de les régler (« équilibrage ») et donc un échange de services à coûts réduits avec tel « contact » mécanicien salarié qui y a accès. Cette sorte de *path dependency* touche la sphère automobile, mais aussi parfois l'immobilier (respect de normes de construction, homologation de travaux subventionnés), et remet en cause certaines formes d'expertise acquises.

Plus fondamentalement, ces activités posent la question de l'articulation entre argent, temps de loisir et temps de travail. Elles requièrent en effet du temps hors emploi principal et des efforts physiques, notables en termes d'engagement dans le travail et de contraintes horaires[1], qui pèsent sur la santé et la vie familiale. Ainsi, l'usure physique des épaules de José ou celle du dos de son frère Dominico mettent actuellement en péril cette organisation : ils disent avoir refusé des chantiers pour des raisons de santé. L'emploi du temps hebdomadaire de José est du reste très chargé du fait de ces activités, et peut induire des tensions de couple. Sur les ronds-points, ce type de tension était palpable, notamment au travers de l'enjeu matrimonial et de la vie familiale.

Enfin, cet usage du temps et son organisation s'articulent avec ce qui pourrait s'appeler un « travail du *care* » : s'occuper de proches handicapés, en l'occurrence un frère de José qu'il voit plusieurs fois par semaine et la mère de sa femme qui est sénile (Alzheimer). Elle est chez un frère de sa femme pendant la semaine, chez la sœur un week-end sur deux, et lui et sa femme l'ont le week-end restant, ce qui retient José à domicile un samedi matin sur deux puisque sa femme postière travaille. Cette situation résulte de la faiblesse de sa retraite, qui ne permet pas selon José de financer une maison de retraite à la hauteur de ses besoins, et ceci l'a conduit à une certaine attention à l'égard de cet enjeu du troisième âge. Ainsi, il nous

---

1. C'est ce que suggèrent les travaux de Laurent Lesnard (*La Famille désarticulée. Les nouvelles contraintes de l'emploi du temps*, Paris, Puf, 2009) à partir des enquêtes « Emploi du temps » de l'INSEE, bien que cet auteur laisse un peu de côté l'articulation entre jours de la semaine et du week-end.

renvoie à la position de Mélenchon sur une loi donnant le droit de « pouvoir mourir dignement » qu'il apprécie. Nous avons déjà vu plus haut que José est loin d'être le seul Gilet jaune directement concerné par ce problème, qui était perceptible sur les ronds-points au travers des justifications données par plusieurs femmes automobilistes s'arrêtant pour faire un don (souvent alimentaire) et s'excusant de ne pouvoir rester en raison de l'obligation de garder un-e proche. Cette garde contraint José à rester à la maison, mais elle s'inscrit dans une répartition des tâches familiales au sein du couple : sa femme s'occupe par exemple de suivre les droits du frère handicapé, ce qui nécessite parfois d'utiliser Internet pour lequel son mari se dit « peu doué ». Plus largement, cela renvoie aussi à une division selon le sexe, les femmes étant plus souvent préposées à la « vie de guichet[1] ». Les difficultés administratives pour exercer ses droits (document manquant, délai non respecté, etc.), parfois sources de non-recours en particulier pour des personnes peu diplômées et peu versées dans la culture écrite telles que José, étaient parfois évoquées sur le rond-point comme un exemple supplémentaire des défaillances des pouvoirs publics : cela semble assimilé, à tort ou à raison, à une lutte incessante, d'autant plus que « tout se fait maintenant par Internet ».

---

1. Vincent Dubois, *La Vie au guichet. Relation administrative et traitement de la misère*, Paris, Economica, 2008 ; Yasmine Siblot, *Faire valoir ses droits au quotidien : les services publics dans les quartiers populaires*, Paris, Presses de Sciences-Po, 2006.

CHAPITRE 3

L'attaque sur le budget automobile des Gilets jaunes

Le retrait de la taxe sur les carburants était la revendication initiale des Gilets jaunes la plus clairement identifiable et les « milieux de la route » étaient au cœur de la composition sociologique du mouvement (voir la première partie de cet ouvrage). C'est donc logiquement que les données de l'enquête collective nationale par questionnaire attestent qu'une très large majorité des Gilets jaunes des ronds-points (90 %) possède au moins une voiture, ce qui est légèrement au-dessus de la moyenne nationale (87 %)[1], alors même qu'ils appartiennent à des catégories socioprofessionnelles caractérisées par un taux de possession d'un véhicule inférieur à cette moyenne[2]. Surtout, les questionnaires de Caen (N = 260)[3], qui renseignent le nombre de véhicules,

---

1. Source : « Statistiques sur les ressources et conditions de vie » (SRCV), INSEE, 2017, exploitation par l'auteur.
2. Philippe Coulangeon, Ivaylo Petev, « L'équipement automobile, entre contrainte et distinction sociale », *Économie et statistique*, 2012, 457-458, p. 97-121.
3. Ces questionnaires ont été passés entre fin novembre 2018 et début mars 2019 à Caen, surtout au cours de manifestations, ainsi que sur plusieurs ronds-points ex-bas-normands (Colombelles,

suggèrent un taux de ménages bi-véhicules particulièrement élevé de 45 % contre 34 % en moyenne nationale[1]. Le ménage de José est tout à fait dans cette tendance, puisqu'il possède six véhicules à moteur (quatre voitures, deux motos) dont il est intéressant de remarquer que chacun correspond à des usages et utilisateurs spécifiques au sein du ménage. José va ainsi travailler (60 kilomètres aller-retour) avec une petite Peugeot 2005 très sale d'une trentaine d'années qu'il a achetée il y a dix ans pour 500 euros. Mais le week-end, pour aller au café, l'été pour les vacances, ou lorsqu'un autre véhicule tombe en panne, il emprunte plutôt son Opel Vectra (modèle plus grand), achetée il y a huit ans pour 5 500 euros avec 169 000 kilomètres au compteur (elle en compte aujourd'hui 280 000). Il mobilise son camion Renault Master pour le système D. Sa femme roule quant à elle dans une petite Clio, achetée 1 500 euros il y a plus de dix ans avec 160 000 kilomètres au compteur, et qu'elle utilise principalement pour aller faire des courses ou se rendre au travail. Enfin, le ménage possède deux deux-roues moins souvent utilisés, mais eux aussi d'occasion et anciens (une vingtaine d'années) : un scooter (125 cm^3) reçu en cadeau, et une petite cylindrée achetée 100 euros lors de vacances au Portugal. Ce parc automobile pourrait paraître extraordinaire aux yeux d'un cadre parisien ou d'un écologiste, mais il est en réalité assez courant.

Bretteville-sur-Odon, Falaise, Sées) par le collectif caennais d'enquête sur les Gilets jaunes.

1. Source : Enquête « Budget de famille », INSEE, 2017, traitement de l'auteur.

L'équipement en véhicules utilitaires des classes populaires

Si l'automobile et ses régulations ont fait l'objet de nombreux travaux en termes de sécurité routière ou de pollution[1], d'études de marché[2] et d'inégalités sociales[3], en revanche on dispose de peu de descriptions fines articulant les marques, les modèles, la puissance et l'ancienneté des véhicules avec les propriétés sociologiques de leur propriétaire ainsi que leurs usages au sein des ménages. La difficulté vient du fait que ce marché apparemment unifié recouvre en fait des réalités très différentes qui ne correspondent pas toujours aux clivages sociaux traditionnels.

L'enquête « Budget de famille » (INSEE, 2017) permet d'investiguer ces variations en renseignant de manière assez détaillée le parc automobile des ménages. Elle confirme un certain nombre de résultats logiques : les ménages sont d'autant mieux équipés qu'ils habitent dans un milieu rural (moins doté en transports publics), et les ménages d'ouvriers et employés sont en moyenne les moins dotés. Mais les cadres parisiens apparaissent par exemple sous-équipés par rapport aux ouvriers périurbains, *a fortiori* si on tient compte des écarts de revenus. En évolution sur ces dernières décennies, l'équipement a surtout augmenté dans les milieux ouvriers[4], ce qui va

---

1. Yoann Demoli, *Automobile et stratification sociale. Diffusion, caractéristiques et coûts de l'automobile en France depuis les années 1980*, thèse de doctorat, Paris, Sciences-Po, 2015.
2. Voir les travaux du consortium GERPISA.
3. Philippe Coulangeon, Ivaylo Petev, « L'équipement automobile, entre contraine et distinction sociale », art. cit. ; Julia Froud, Sukhdev Johal, Adam Leaver *et al.*, "Different worlds of motoring: Choice, constraint and risk in household consumption", *Sociological Review*, 2005, vol. 53, n° 1, p. 96-128.
4. Commissariat général au développement durable, « La mobilité des Français. Panorama issu de l'enquête nationale transports et déplacements 2008 », p. 104.

dans le sens d'une plus forte démocratisation de l'auto-mobile. Sur les ronds-points, il était frappant d'observer la présence de véhicules de grandes marques, mais de modèles très anciens achetés d'occasion. Hélas, l'enquête ne renseigne la distinction entre achat neuf ou d'occasion que pour les véhicules acquis dans l'année écoulée, ce qui induit un fort biais lié à la fréquence d'achat alors que nous avons vu qu'un ménage comme celui de José garde très longtemps ses véhicules. Les données confirment néanmoins que les ménages de ce type, habitant en pavillon et composé d'un couple ouvrier-employée, possèdent plus fréquemment au moins deux voitures.

Enfin, ces données permettent de préciser qui sont les propriétaires de véhicules utilitaires, utiles notamment pour la pratique du système D. S'ils sont d'abord logiquement fréquents parmi les agriculteurs (15 % sont propriétaires d'un utilitaire contre 5 % de la population française motorisée) et des indépendants (11 %) qui les utilisent surtout pour des déplacements professionnels, ce sont bien les ouvriers qui sont ensuite surreprésentés (9 % possèdent un utilitaire, représentant 30 % de leurs propriétaires), beaucoup plus souvent conduits par des hommes que par des femmes (l'enquête renseigne le cas échéant un « utilisateur principal » pour chaque véhicule), habitant plus fréquemment que la moyenne en pavillon et appartenant à des ménages ayant plusieurs véhicules.

Cet équipement doit être compris au regard de l'ensemble du budget automobile et de son insertion dans l'organisation socio-économique et logistique d'un ménage de Gilets jaunes comme celui de José. D'ailleurs, le troisième sens du mot « logistique », dans *Le Petit Robert*, est l'« art de combiner tous les moyens de transport, de logement et de ravitaillement des troupes ». Différents facteurs expliquent la possession de multiples véhicules à moteur. En premier lieu, comme nous l'avons vu plus haut au sujet du logement en zone périurbaine, disposer d'une voiture est nécessaire pour se déplacer du fait que ces zones sont peu desservies par les transports publics : sans ce moyen de déplacement, ce sont plusieurs heures qui seraient quotidiennement passées dans les transports ou à marcher dans des zones commerciales ou tout simplement agricoles. D'ailleurs, la possession d'un véhicule supplémentaire joue un rôle de remplacement au pied levé en cas de défaillance d'un autre véhicule, *a fortiori* lorsqu'il est ancien, afin d'éviter d'arriver en retard au travail. Cela renvoie à la question des contrôles de la présence au travail et des éventuelles sanctions encourues (perte de primes de présence notamment, réprobation du supérieur, heures à rattraper, etc.). Enfin, les voitures anciennes sont gardées parce qu'on y est attachés lorsqu'elles ont été beaucoup utilisées, et parce que leur prix de revente ne compense pas leur coût d'entretien et d'usage.

Tout cela doit donc être situé par rapport à l'ensemble des frais d'utilisation plutôt que de la seule taxe sur le carburant. Notre hypothèse est que cela cristallise un ensemble de réformes qui réduisent *de facto* l'autonomie *individuelle*[1] d'organisation socio-économique de ménages pavillonnaires de petites classes moyennes périurbaines comme celui de José. Il en résulte ce qui peut s'interpréter comme une offensive

---

1. Il resterait à poser la question du coût collectif (politique, économique, écologique) de cette autonomie des petites classes moyennes.

contre un mode de transport mais plus largement de vie, de la part des gouvernements successifs, bien que cet état de fait actuel n'ait peut-être pas été tout à fait voulu, et encore moins coordonné, par chacun d'eux. L'impression domine plutôt que, tels des apprentis sorciers, ils ont créé un assemblage législatif détonnant sans le vouloir et dont les Gilets jaunes seraient un « retour de bâton » face à une action publique jugée problématique.

Un premier point concerne les contrôles de vitesse en général et en particulier ceux opérés par les radars automatiques. Ces derniers incarnent un sentiment de persécution de l'État, notamment lorsqu'ils concernent le trajet domicile-lieu de travail effectué le matin ou en fin d'après-midi sur des départementales de campagne, précisément celles concernées par la récente limitation à 80 km/h. Les statistiques des radars corroborent en partie cette perception, puisque plus de 90 % des dépassements de vitesse sont inférieurs à 20 km/h[1]. Les contrôles sur le chemin du travail sont perçus comme particulièrement injustes : « C'est pas normal de payer autant pour venir travailler » (ouvrier qualifié dans l'aluminium, 43 ans). Ces contrôles sont ressentis au fond de manière très politique comme la remise en cause d'une forme d'autonomie économique locale sur laquelle l'État empiéterait. Derrière cette revendication se cachent aussi des formes d'autogouvernement.

Dans une moindre mesure, il en va de même pour les contrôles d'alcoolémie et les suspensions de permis

---

1. Source : « Bilan annuel des radars », Sécurité routière, 2017. Les horaires n'ont pour l'instant pas pu être consultés.

qu'ils entraînent, qui font l'objet du même type de dénonciation, en partie lié à la répression accrue des infractions de la route à partir de 2004[1]. Ce durcissement législatif accompagna d'ailleurs une hausse des peines d'emprisonnement liées à la circulation routière, en particulier pour les récidivistes[2]. Un ménage comme celui de José est concerné par cette évolution puisque le fils encourt une suspension de permis pour alcool au volant, ce qui réduit d'autant ses possibilités professionnelles, et un radar fixe est installé sur la nationale qui les relie à la préfecture voisine (10 kilomètres), et a été tagué fin novembre 2018, à l'instar de la moitié de la vingtaine de radars automatiques que compte le département[3].

Un second enjeu a trait au « durcissement du contrôle technique », également annoncé par le gouvernement pour 2019. Celui-ci a été beaucoup moins médiatisé que la taxe sur le carburant, mais sur les ronds-points il en était très souvent question. Ce point est décisif puisqu'il remet en cause le contrôle technique de nombreuses voitures d'occasion, en particulier les plus vétustes comme celles qu'utilisent de nombreux Gilets jaunes. Tout l'enjeu ici est de savoir si ces véhicules

---

1. Voir à ce sujet la circulaire 36943 du 11 mars 2004 qui prolonge la loi de 2003 et entérine par exemple le « cumul des retraits de points du permis de conduire » (circulaire.legifrance.gouv.fr/pdf/2013/05/cir_ 36943.pdf, consulté le 13 novembre 2019). On pourrait en dire plus sur les effets concrets de ce durcissement, dont une des conséquences semble avoir été quelques peines de prison pour des récidivistes.

2. M. Löwenbrück, « L'évolution des peines d'emprisonnement de 2004 à 2016 », *Infostat Justice*, 2017, n° 156 ; en ligne : www. justice.gouv.fr/art_pix/stat_Infostat_156.pdf (consulté le 20 mars 2020).

3. Source : quotidien local anonymisé, 29 novembre 2018.

pourront encore passer le contrôle technique, ou s'ils devront être remplacés par des véhicules plus récents, ayant plus recours à l'électronique, et donc plus coûteux et difficiles à réparer soi-même. L'électronisation croissante des véhicules a en effet pour conséquence le maintien de prix à l'achat élevés[1], et des réparations impliquant des équipements toujours plus coûteux de plus en plus monopolisés par les concessionnaires qui remettent ce faisant en cause l'économie de l'occasion et les « garages à ciel ouvert » observés par des enquêtes récentes[2]. C'est bien à une lutte de marché que l'on assiste ici, entre d'un côté les grands constructeurs qui ont intérêt à contrôler le service après-vente, et de l'autre toute une économie dite « informelle » d'auto-réparation, de revendeurs de pièces détachées, et de petits garagistes parfois non déclarés. Ces formes d'organisation économique concrètes sont menacées dès lors que les véhicules anciens sont recalés, ou ne sont plus couverts par les assurances faute d'être dûment homologués sur le plan électronique.

Le cas de José est tout à fait représentatif de cette tension puisque tous ces véhicules ont été achetés

---

1. On mesure ici la divergence par rapport à l'hypothèse d'une possible baisse du coût de l'automobile telle que cela a été envisagé par O. Coutard, G. Dupuy, S. Fol, « La pauvreté périurbaine : dépendance locale ou dépendance automobile ? », *Espace et sociétés*, 2002, vol. 108-109, n° 1, p. 80-103.

2. Collectif Rosa Bonheur, Olivier Coutard, Gabriel Dupuy, Sylvie Fol, « Les garages à ciel ouvert : configurations sociales et spatiales d'un travail informel », *Actes de la recherche en sciences sociales*, 2017, n° 216, p. 155-176 ; Abou Ndiaye, Khedidja Mamou, Agnès Deboulet, « La mécanique de rue : vertus cachées d'une économie populaire dénigrée », *Métropolitiques*, 9 mai 2019.

d'occasion il y a au moins huit ans : une Peugeot 205 qu'il utilise pour aller quotidiennement au travail et estimée selon lui à « une trentaine d'années », une Clio de plus de dix ans pour sa femme, une Opel Vectra plus « familiale » achetée il y a huit ans, et le camion également acheté il y a plus de dix ans. Or, nous avons appris sur les ronds-points que cette mesure concernerait aussi les véhicules « aménagés », tels que cette camionnette dans laquelle nous avons été emmenés fin novembre pour aller chercher pneus et palettes afin d'alimenter le feu du terre-plein central. À l'arrière se trouvaient un long établi avec un étau, un fer à souder, et sur les parois étaient accrochés des outils. Le propriétaire, un ouvrier d'une cinquantaine d'années au chômage depuis plusieurs années, nous concéda qu'il l'utilisait pour « des chantiers à droite à gauche ». Ce type d'aménagement est menacé par la réforme du contrôle technique, tout comme celui visant à transformer artisanalement sa camionnette en camping-car pour habiter ou partir en vacances à moindre coût. Le gouvernement ne s'y est donc pas trompé en concédant le 10 décembre 2018 la « suspension » de cette mesure initialement prévue pour le 1er janvier 2019, mais finalement entrée en vigueur à l'été 2019.

Enfin, le troisième aspect articule le budget automobile avec le marché immobilier et l'offre de transports publics, autour de la question de la mobilité sociale : des ménages comme celui de José et plus largement des Gilets jaunes ont pu accéder à la propriété, mais au prix d'un endettement immobilier conséquent (voir *supra*) et d'un éloignement des centres-villes qui rallonge leurs trajets, les rend dépendants de leur véhicule étant donné la faiblesse des transports publics dans ces territoires[1] notamment pavillonnaires, et donne lieu à un trafic congestionné aux abords des villes matin et soir. Cette organisation sociospatiale est donc susceptible d'entraîner des tensions budgétaires pour les ménages concernés, mais complique toute tentative de réforme radicale, telle que l'instauration de péages urbains auxquels le gouvernement a renoncé suite justement aux Gilets jaunes. D'ailleurs, la régulation des autoroutes suscite aussi de nombreux commentaires désapprobateurs et suspicieux. Ainsi, le gouvernement abaisserait la vitesse sur les routes nationales pour inciter à utiliser les autoroutes vendues à des entreprises privées. Celles-ci appliqueraient des frais sur la vente de carburants qui les rendent si chers que les Gilets jaunes sortent de l'autoroute pour s'approvisionner (sentiment d'être « pris en otage »). Enfin, il est reproché à l'État de ne pas taxer la circulation des camions étrangers qui sillonnent dorénavant les autoroutes et seraient sources d'accidents. Derrière ces récriminations discutables à l'égard des camionneurs étrangers se trouvent sans doute des difficultés à être soi-même recruté comme chauffeur international, ou à faire face à une menace de délocalisation de son emploi à l'étranger. Il ne s'agit pas d'excuser ce qui peut être perçu comme un signe de racisme ou de xénophobie, mais de voir que ce sont aussi les

---

1. Voir Vincent Jarousseau, *Les Racines de la colère, op. cit.*, cas de Michaël qui n'a pas de véhicule et qui fait donc un trajet aller-retour de quatre heures en transport en commun pour un rendez-vous administratif de dix minutes (p. 35).

questions du libéralisme, de la privatisation ou de la nationalisation des autoroutes, et de la protection de l'emploi, qui se posent ici crûment.

Par conséquent, au-delà de la réforme sur le carburant proprement dite, il faut bien voir qu'un mouvement comme les Gilets jaunes est venu questionner l'ensemble du budget automobile des ménages, l'organisation de ce mode de transport, et les réformes contemporaines qui l'ont affecté. Ces réformes de politiques publiques, quoi qu'on en pense en termes de bien commun global, ont eu pour effet principal d'accroître les pénalités encourues pour infractions routières autant que les coûts de déplacement, *a fortiori* lorsqu'il faut aller chercher un emploi ou des services publics (maternité, train, office des impôts, etc.) de plus en plus loin de son domicile. Toutes ces dimensions rappellent à quel point la voiture reste aujourd'hui un objet incarnant les luttes de ménages comme ceux des Gilets jaunes pour leur autonomie et leur statut social[1].

---

1. Pour une critique, voir Roland Barthes, *Mythologies*, Paris, Seuil, 1957 ; Jean Baudrillard, *La Société de consommation*, Paris, Gallimard, 1996 [1970] ; André Gorz, « L'idéologie sociale de la bagnole », *Écologie et politique*, Paris, Galilée, 1973.

Regard sur les politiques publiques depuis les budgets des Gilets jaunes

Dans cette partie, notre objectif était de proposer une sorte de topographie socio-économique des Gilets jaunes, c'est-à-dire relever et documenter de manière aussi réaliste et précise que possible les différents choix auxquels un ménage comme celui de José est confronté, et les manières dont il organise son budget pour « joindre les deux bouts ». Les différentes dimensions que cela implique sont difficiles à tenir ensemble d'abord en raison de leur diversité, à l'échelle d'un ménage et *a fortiori* au sein de l'ensemble des Gilets jaunes. Mais c'est bien de cette conjonction que vient la compréhension de leur situation. En outre, il s'agissait pour ces derniers d'un « sujet sensible », dans la mesure où ils ont fait l'objet de critiques quant à leur gestion budgétaire présumée[1], ou à leur mal-être injustifié, ce qui fait plus largement écho aux difficultés d'enquêter ces franges de la société française[2]. Certes,

---

1. Faustine Vincent, « Pourquoi le quotidien d'un couple de "gilets jaunes" dérange une partie de nos lecteurs », *Le Monde*, 20 décembre 2018.
2. Amélie Beaumont, Raphaël Challier, Guillaume Lejeune, « En bas à droite », *Politix*, 2018, n° 122, p. 9-31.

José présente inévitablement certaines particularités, mais nous l'avons situé autant que possible par rapport à l'ensemble des Gilets jaunes, ce qui a permis de voir qu'il partage avec beaucoup d'entre eux plusieurs caractéristiques quant à sa situation professionnelle, ses véhicules, et plus largement ses pratiques de consommation. Il ne s'agit donc pas d'enjeux particuliers et résiduels, puisqu'ils recouvrent en réalité de larges pans de l'économie réelle et de la société française.

Il en résulte qu'un tel ménage fait face à un nœud budgétaire dont nous avons donné les principaux ordres de grandeur. D'un côté, il s'inscrit dans une trajectoire de mobilité sociale ascendante, à la fois intergénérationnelle du fait de l'amélioration des conditions de vie par rapport à celles que connurent les parents, mais aussi intragénérationnelle en partant de la « ZUP » pour acquérir un pavillon périurbain « avec un peu de terrain ». Se nouent ici inextricablement des aspirations mais aussi des contraintes liées à l'état des marchés du travail et de l'immobilier accessibles. Dans cette organisation sociospatiale, les véhicules à moteur jouent un rôle-clé, garants d'une autonomie de déplacement.

D'un autre côté, un tel couple d'actifs occupés est amené à recourir à une économie domestique articulée autour du « système D », c'est-à-dire un ensemble de pratiques liées aux ressources monétaires et non monétaires qui lui permettent de « tenir », d'assurer ce mode de vie (multimotorisé, pavillonnaire, fumeur), et de tenter de maintenir possible sa pérennité intergénérationnelle (reproduction sociale). Ce qu'exprime fondamentalement le mouvement des Gilets jaunes, ce sont les limites de cette configuration, voire à terme la disparition pure et simple d'un mode de vie, pour une série de raisons qui vont bien au-delà de la seule taxe sur le carburant : contraintes physiques de santé et donc d'âge, faibles perspectives d'évolutions et de revendications salariales, atonie du marché du travail local dans ce type de département alors que les coûts de déplacement automobile augmentent et que l'ancrage local complique tout projet de mobilité, problème d'insertion en conséquence pour la génération suivante, électronisation croissante des véhicules qui fragilise les possibilités de réparation autonome, augmentation de certaines taxes (tabac), etc. Ces problèmes sociaux sont souvent résumés sous des expressions synthétiques telles que « déclassement » ou « descenseur social »[1], mais on voit bien qu'ils recouvrent en fait une pluralité de mécanismes difficiles à synthétiser. En outre, d'un point de vue plus collectif, c'est le coût global (politique, économique, écologique) de cette autonomie individuelle des petites classes moyennes rurales qui est aujourd'hui questionné. Sur tous ces enjeux, on dispose de solides contributions, mais que les spécialisations thématiques tendaient jusqu'ici à isoler, alors que du point de vue des intéressés on voit bien qu'ils sont intrinsèquement liés. La reconstitution de budgets de famille permet de reconnecter des sphères apparemment séparées et montre comment elles forment « un tout ».

1. Philippe Guibert, Alain Mergier, *Le Descenseur social*, Paris, Plon, 2006.

Il faut alors se livrer à un petit exercice d'économie politique. Cette approche jette en effet un autre éclairage sur les perceptions, ou plus exactement les évaluations et leurs ambiguïtés, que les Gilets jaunes se font des politiques publiques. De leur point de vue, elles entravent ce qu'ils conçoivent comme leurs marges d'action légitimes et participent d'une certaine politisation : ce type de révolte éclate lorsque le « système » n'assure plus des gains suffisants, ou alors avec des contraintes et des coûts trop élevés par rapport aux efforts des personnes concernées et à ce qui de leur point de vue apparaît juste ou non. L'automobile est à cet égard un exemple paradigmatique, avec la limitation à 80 km/h, le durcissement du contrôle technique qui met en péril les vieux véhicules, les radars automatiques et plus généralement la répression des infractions de la route (vitesse, alcoolémie). Mais cela concerne aussi des niveaux de taxation perçus comme d'autant plus injustes qu'ils sont mis en regard de réformes telles que la baisse des taxes sur les patrimoines (suppression de l'ISF) et de l'augmentation pour le carburant, le tabac, la CSG ou la désindexation des retraites, et ces dernières années la remise en cause des indemnités de chômage et de licenciement abusif. Ces régulations renvoient enfin à l'ouverture et à la promotion de marchés privés[1] pour des enjeux tels que la couverture santé (mutuelles), les transports (privatisation des autoroutes), la garde des personnes âgées ou, plus

---

1. Michel Callon, *L'Empire des marchés*, Paris, La Découverte, 2018.

récemment, les retraites[1]. D'où les dépenses nécessaires pour se couvrir soi-même et ses proches face à ces différents risques. C'est moins la pauvreté à proprement parler qui est en jeu dans tous ces arbitrages que les conditions de possibilité de la mobilité et de la reproduction sociales, d'où le rejet fréquent de ces figures repoussoirs d'échec que sont les logements HLM, les Restos du cœur, et les « cassos ». Cela donne lieu à une sorte de nouvelle forme de pauvreté qui tient moins aux revenus perçus qu'aux efforts qu'ils impliquent et au pouvoir d'achat qu'ils permettent.

Mais ce n'est pas pour autant un questionnement complètement nouveau, puisqu'on le retrouve par exemple dans des travaux rassemblés par Susanna Magri et Christian Topalov sur les mobilisations ouvrières du XIXᵉ siècle, dont le parallèle avec les Gilets jaunes est tout à fait frappant :

> Qu'il s'agisse du niveau attribué par les ouvriers mâles au « juste salaire », des pratiques de mobilité d'emploi ou de la capacité à résister aux exigences patronales et de faire face aux aléas de la condition ouvrière, les

1. Pour une mise en perspective historique sur le long terme, et du point de vue des politiques publiques plutôt que de celui des ménages concernés, voir Michel Margairaz, Danielle Tartakowsky, *L'État détricoté. De la Résistance à la République en marche*, Paris, Éditions du Détour, 2018 ; Bruno Amable, *Structural Crisis and Institutional Change in Modern Capitalism: French Capitalism in Transition*, Oxford, Oxford University Press, 2017 ; Gilles Dorronsoro, *Le Reniement démocratique. Néolibéralisme et injustice sociale*, Paris, Fayard, 2019 ; Romaric Godin, *La Guerre sociale en France. Aux sources économiques de la démocratie autoritaire*, Paris, La Découverte, 2019.

formes de l'économie domestique jouent un rôle essentiel. Celles-ci sont elles-mêmes directement liées aux opportunités offertes aux différents membres de la famille par l'environnement spatial, aux coûts que celui-ci implique et aux ressources qu'il procure. Inversement, les pratiques ouvrières en matière d'habitat et de mobilité résidentielle ne peuvent être comprises si l'on néglige la diversité des formes du rapport salarial et des modes d'industrialisation dans la grande ville. Enfin, on ne peut se contenter de renvoyer l'analyse de l'urbanisation elle-même à celle des marchés immobiliers, des décisions « rationnelles » de localisation des entreprises, ou des politiques publiques : les formes urbaines sont aussi la trace sur le sol des transformations de la division du travail, c'est-à-dire de conflits où les producteurs sont éminemment actifs, ainsi que d'usages sociaux du cadre bâti où s'exprime la cohérence des modes de vie[1].

Enfin, on peut se demander pourquoi ces problématiques ne trouvent pas de débouchés politiques clairs, au-delà des ronds-points (voir la première partie de cet ouvrage). Mais tenter de caractériser le positionnement de José à l'égard du champ politique français conduirait à une certaine perplexité. Il est d'abord frappant que lui comme ses frères ne laissent aucune trace numérique (sur Internet). Des questions comme « Est-il de droite ou de gauche ? » ou « Pour qui vote-t-il ? » semblent manifestement assez éloignées, déconnectées, de ses préoccupations, et surtout les refléteraient très imparfaitement. D'un côté, il a toujours voté à gauche malgré les excellents scores du

1. S. Magri, C. Topalov, *Villes ouvrières, 1900-1950*, *op. cit.*, p. 37.

FN dans sa commune[1], tel que PCF aux dernières européennes (2019) et il apprécie Mélenchon. D'un autre, le 5 décembre 2018, dans une action de Gilets jaunes essayant de bloquer un parking de poids lourds, il invitait les autres à « laisser passer les camions français, mais bloquer les étrangers qui nous font de la concurrence », et nous avons vu qu'il peut se montrer critique[2] envers les « Maghrébins de la ZUP » auprès de qui il a habité jusqu'en 2005. Concernant la mobilisation contre la réforme des retraites en cours, la dernière fois que nous l'avons eu au téléphone, il nous a dit : « Tu vas voir que s'ils rappellent sur les ronds-points pour les retraites, ils vont me voir ! » (8 septembre 2019).

1. Source : résultats électoraux de la commune sur deux décennies.
2. Cette critique est à réinscrire dans son contexte, c'est-à-dire au café en entretien avec un enquêteur en sciences sociales.

Figure 16. – Budget d'un « smicard célibataire »
selon José[1]

Poste de dépense	Montant mensualisé (euros)	Taux d'imposition	Montant impôt mensualisé (euros)
Loyer	500	0 %	0
Nourriture	320	5,5 %	18
Électricité, eau, gaz	100	20 %	20
Assurance maison	8	35 %	3
Redevance TV	12	100 %	12
Assurance automobile	33	35 %	12
Frais de voiture	50	20 %	10
Téléphonie	20	20 %	4
Mutuelle	50	20 %	10
Impôt sur le revenu	0	100 %	0
Total des dépenses prévisibles	1 093	Total des impôts	89
Reste à vivre hors dépenses prévisibles	81 (1174 – 1093)	Taux d'imposition sur le salaire net	8 % (89/1095)

1. Source : enquête de terrain, discussions sur le rond-point, 28 novembre 2018.

Conclusion

Les Gilets jaunes délivrent plusieurs enseignements sur la société française contemporaine.

D'abord, cette mobilisation a fait apparaître une forte mobilisation de franges de la population qui semblaient comme à l'écart de la politique et de l'engagement en général. Ce constat est souvent rattaché au déclin du parti communiste, à la désindustrialisation, ou à l'abandon des classes populaires par le Parti socialiste[1]. Or, les Gilets jaunes apportent un démenti à leur supposée désaffiliation politique, à l'association trop mécanique entre non-mobilisation et apolitisme, et à l'idée qu'ils seraient des « nouveaux venus » en la matière. Au contraire, les rassemblements sur les ronds-points ont constitué des plateformes de politisation à la fois diffuses mais aussi parfois franchement assumées, notamment lors de la confrontation avec des automobilistes ou d'autres acteurs (forces de l'ordre, commerçants). Pour cela, ils se sont appuyés sur des pratiques, des savoir-faire, et des références

---

1. Rémi Lefebvre, Frédéric Sawicki, *La Société des socialistes*, Vulaines-sur-Seine, Éditions du Croquant, « Savoir/Agir », 2006.

culturelles ainsi qu'un ancrage territorial partagés. Cette congruence entre ces milieux sociaux et cette forme de mobilisation originale s'est traduite par des formes de sociabilité et de coordination jusqu'alors insoupçonnées, du moins du point de vue des gouvernants. Ce sont les réseaux des gouvernés qui ont été à l'œuvre, et ils ont permis d'obtenir certaines concessions : le retrait de la taxe sur le carburant et le report de certaines réformes (par exemple sur le contrôle technique), mais aussi une hausse de la prime d'activité[1] ou un « coup de pouce » à la prime à la conversion automobile pour les foyers non imposables (2 000 euros, 2 500 dans le cas d'un véhicule électrique, 1 000 euros pour les imposables). Dès octobre 2018, en vue d'enrayer la colère qui montait, le ministre de l'Écologie François de Rugy avait annoncé une extension du crédit d'impôt transition énergétique pour l'enlèvement des vieilles chaudières à fioul (et plus seulement l'installation de matériel), puis, en novembre, le Premier ministre avait promis des mesures supplémentaires (« superprime » à la conversion pour les 20 % les plus modestes, passant à 4 000 et 5 000 euros, contre 2 500 euros, pour une hybride, système d'indemnités kilométriques – exonération des aides au transport versées par les entreprises –, élargissement du chèque énergie).

Deuxièmement, il faut noter aussi le rôle que des mobilisations antérieures ont joué, ce qui suggère l'importance de penser la manière dont les luttes

---

1. Nicolas Duvoux, « La révolution silencieuse de la prime d'activité », *La Vie des idées*, 4 février 2020.

sociales s'agrègent : les Gilets jaunes peuvent aussi se lire comme un « mouvement de mouvements » dont les revendications n'avaient pas été satisfaites et qui étaient manifestement restés plus ou moins « sous les radars » de la politique institutionnelle, à l'instar des 80 km/h ou de mobilisations professionnelles. Toutes ces luttes étaient en quelque sorte comme des cicatrices mal refermées n'ayant pas obtenu gain de cause, et ont constitué autant de jalons contribuant aux Gilets jaunes. C'est là un vrai élément pour penser le changement social et politique.

Un troisième enseignement concerne la manière dont cette mobilisation était certes peu cadrée sur le plan politique institutionnel, mais très encadrée par des modes de vie, sorte d'« insurrection du système D » ancrée dans la critique de politiques publiques contemporaines. Celles-ci constituent un vecteur de politisation des Gilets jaunes en affectant concrètement leur vie individuelle : la formule « On peut pas s'écarter » synthétise le rapport des Gilets jaunes à leurs contraintes budgétaires, et suggère que l'engagement dans la mobilisation est une tentative de réaction par rapport à ces politiques et aux contraintes qu'elles imposent dans la vie quotidienne. Politisation et condition sociale sont ici fortement liées. Ce « retour du social aux dépens du sociétal[1] » renvoie sans doute à l'adoption de l'agenda

---

1. Emmanuel Todd, *Les Luttes de classes en France au XXIe siècle*, *op. cit.* ; Danièle Sallenave, *Jojo, le gilet jaune*, *op. cit.* : « Faute de pouvoir résoudre la question sociale, la gauche s'est tournée vers le sociétal. Le mouvement des gilets jaunes, c'est le retour du social. Pour trouver une réponse à une exigence criante : en finir avec la fracture géographique, fracture sociale, économique, politique » (p. 30).

néolibéral de la part de la gauche sociale-démocrate, mais l'enquête suggère qu'il faut en réalité spécifier de quels enjeux et retombées socio-économiques il s'agit. Un cas comme celui de José montre aussi une certaine ambiguïté des Gilets jaunes vis-à-vis du libéralisme ou *a contrario* de l'engagement de l'État dans l'économie : ce qui est en jeu pour eux, c'est plutôt le maintien de leur mode de vie individuel et de dispositions législatives qui le permettent. Dès lors, les Gilets jaunes ne peuvent pas être conçus simplement comme une révolte fiscale, dans la lignée d'une longue série historique qui les mettrait sur un même plan[1], puisqu'ils charrient en réalité des enjeux beaucoup plus larges mais paradoxalement moins visibles que la seule taxe sur le carburant. Pour les saisir, il faut mobiliser les données de la statistique publique, même si nous avons vu qu'elles étaient parfois en décalage avec ce qui compte effectivement pour les gouvernés.

Dès lors, notre démarche visait à lever le voile sur des enjeux budgétaires trop peu étudiés, en cherchant à ouvrir les débats dans un champ qui demeure sous-étudié dans les sciences sociales contemporaines. Qui s'est intéressé par exemple à la mobilisation contre les 80 km/h ? Qui s'intéresse encore aux fratries pour comprendre le vote ? Et aux budgets de famille ? Ces objets d'étude et surtout leur articulation apparaissent sous-investis par les sciences sociales, sans doute parce que souvent vus comme rébarbatifs, socialement éloignés

1. Isaac W. Martin, Nadav Gabay, "Tax policy and tax protest in 20 rich democracies, 1980-2010", *The British Journal of Sociology*, 2018, vol. 69, n° 3, p. 647-669.

des expériences, préoccupations et cadres de vie des enseignants-chercheurs, et requérant des travaux de fond notamment sur des grandes enquêtes de la statistique publique. C'est bien dommage, d'autant que ces enjeux rencontreraient probablement d'intéressants points de comparaison internationaux au travers de phénomènes tels que le Brexit, l'élection de Trump, ou plus généralement la montée des extrêmes droites en Europe.

Figure 17. – Photomontage anonyme diffusé sur les pages Facebook des Gilets jaunes (novembre 2018)

Remerciements

Nous remercions les Gilets jaunes qui ont accepté de répondre à nos questions, en particulier Joaquim R., et espérons avoir bien rendu compte de leurs points de vue. Merci à Rachel Varlan et Stéphane Baciocchi de nous avoir accompagnés sur certains ronds-points et d'avoir démontré une nouvelle fois la puissance de l'enquête collective. Ce travail s'est également nourri de discussions lors de sa présentation au sein des séminaires de l'Observatoire national de la pauvreté et de l'exclusion sociale (Paris, ONPES, 8 janvier 2019), de l'Atelier d'ethnocomptabilité (Paris, EHESS, 10 janvier 2019 et 3 novembre 2019), du CRAPUL (Lausanne, 28 mars 2019), de l'Axe 1 du laboratoire CLERSÉ (Lille, 10 novembre 2019), des journées d'étude « Approches ethnographiques des Gilets jaunes : enquêtes et expériences » (Paris, EHESS, 28 octobre 2019) et METSEM (Paris, Sciences-Po, 15 janvier 2020), et d'échanges avec Serena Boncompagni, Tony Borriello, Anouchka Dewarichet, Nicolas Duvoux, Fabien Éloire, Thibault Gaujoux, Laurent Jeanpierre, Erwan Le Méner, Jérôme Pélisse, Vianney Schlegel, Bernadette Tillard, Étienne Walker, que nous remercions.

TABLE DES FIGURES

TABLE

Composition et mise en pages
Nord Compo à Villeneuve-d'Ascq